边界思维

李世强———著

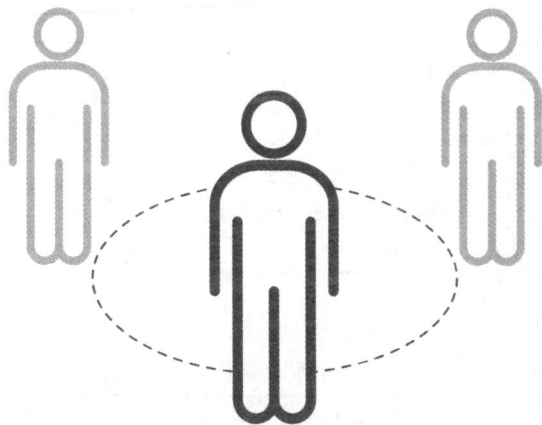

BOUNDARY THINKING

台海出版社

图书在版编目（CIP）数据

边界思维 / 李世强著 . -- 北京 ： 台海出版社，
2024. 11. -- ISBN 978-7-5168-4021-4

Ⅰ . C912.11-49

中国国家版本馆 CIP 数据核字第 20242UT376 号

边界思维

著　者：李世强

责任编辑：赵旭雯　李　媚　　　　　封面设计：MM末末美书　QQ:974364105
策划编辑：邓敏娜　王雅静　　　　　版式设计：姚梅桂

出版发行：台海出版社
地　　址：北京市东城区景山东街 20 号　　邮政编码：100009
电　　话：010-64041652（发行，邮购）
传　　真：010-84045799（总编室）
网　　址：http://www.taimeng.org.cn/thcbs/default.htm
E - m a i l：thcbs@126.com

经　　销：全国各地新华书店
印　　刷：长沙鸿发印务实业有限公司
本书如有破损、缺页、装订错误，请与本社联系调换

开　　本：880 毫米×1230 毫米　　　　1/32
字　　数：175 千字　　　　　　　　印　　张：6.5
版　　次：2024 年 11 月第 1 版　　　印　　次：2024 年 11 月第 1 次印
书　　号：ISBN 978-7-5168-4021-4

定　　价：39.80 元

前言

在这个纷繁复杂的世界中，每个人都在寻找自己的位置和方向。我们生活在一个由无数看不见的边界构成的社会里，这些边界或明显或隐晦，影响着我们的思想、行为和感受。

在人际关系中，边界感是一个至关重要的概念。它指的是个体能够认识到自己与他人之间的界限，能够理解哪些是自己的情感、想法和行为，哪些是他人的。健康的边界感可以帮助人们维护个人空间，保护自己的情感健康，同时也尊重他人。

现代社会中，边界感的问题变得更加复杂。社交媒体的普及使得人们的生活更加透明，也使得个人信息的界限变得模糊。这就要求现代人在享受社交媒体带来的便利的同时，也要学会如何在虚拟世界中维护自己的边界。

提升边界感的意识和能力是一个持续的过程。它需要个体不断地自我反思，学会如何说"不"，并且在必要时寻求专业的帮助。通过阅读相关书籍、参加工作坊或者咨询心理健康专家，人们可以学习到如何建立和维护健康的边界。

边界感是维护个人心理健康和人际关系和谐的关键。通过提升对边界感的认识和管理能力，我们可以更好地保护自己，同时也更好地尊重和理解他人。

《边界思维》这本书旨在探索边界的多重含义，以及它们如何塑造我们的身份、关系和社会。

　　作者通过敏锐的洞察力和观察力，带领读者穿越那些看似坚不可摧的墙壁，触摸那些我们每天都在与之争斗或和解的边界。从个人的自我认知到社会的文化认同，从心理的防御机制到国家的地理分界，书中的每一个故事都是对"边界"的一次深刻反思和探索。

　　在这里，边界不再是隔离和限制的象征，而是自我发现和成长的起点。通过理解边界，我们不仅能更好地认识自己，也能更加包容和理解他人。阅读《边界思维》不仅是阅读一本书，也是一次心灵的旅行，一次对人性边界的挑战和突破。

　　诚挚地邀请您跟随我们的脚步，一起探索那些构成我们内心世界和外在环境的边界。让我们一起在《边界思维》的引导下，拓宽视野，丰富经验，找到属于自己的边界感。

CONTENTS
目录

第一章

生命边界感：世界万物都有各自的边界

第二章

沟通边界感：别让口无遮拦毁了你

第三章

处世边界感：甘做配角，锋芒太露遭人嫉

第四章

职场边界感：明白职场门道才不会四处惹祸

第七章

教育边界感：不打不骂教出好孩子

第一章

生命边界感：
世界万物都有各自的边界

所谓情商高，就是懂边界感

在这个纷繁复杂的世界中，情商高的人往往能够敏锐地感知到自己与他人、自己与环境之间的边界。这种边界感不仅体现在人际交往中，也体现在人与自然、人与社会、人与技术等多方面的关系中。边界感能帮助我们维护个人的独立性，同时也促进了和谐共存。

想象一下，一个繁华的城市中心，有一个宁静的公园，里面生活着各种植物、动物，还有不同背景和文化的人们。这个公园就是一个展示人与世界万物边界感联系的缩影。

在这个公园里，每个人都有自己的空间和活动范围。有人在草坪上做瑜伽，有人在长椅上阅读，有人在湖边喂鸭子……每个人都尊重他人的活动，不会随意打扰或侵犯他人的空间。这种相互尊重的边界感，使得公园成了一个和谐共处的环境。

同时，人们也与自然保持着一种平衡的关系。他们欣赏花草树木，观察小鸟和蝴蝶，但不会破坏植被或捕捉动物。他们理解自己与自然界的边界，知道如何在享受自然美景的同时，保护这个环境。

此外，公园中的设施，如垃圾桶、座椅、灯光等，都是人与技术边界感的体现。人们利用这些设施来改善自己的体验，但也会负责任地使用和维护它们，确保技术能够服务于公共利益，而不是成为破坏环境的工具。

可能有些人没有刻意留意人与世界万物之间的边界感这件事，但这件事却时刻影响着我们和万物的共存方式。什么是情商高？就是在日常生活中处理事情时有边界感。他们懂得如何在保持个人独立性的同时，与他人和环境建立和谐的关系。他们知道自己的行为会如何影响周围的人和事物，因此他们会更加谨慎和体贴。这种边界感让他们在人际关系中游刃有余。

情商高的人明白，真正的智慧不仅仅是知识和技能，更是对边界的理解和尊重。通过培养良好的边界感，我们可以更好地与世界万物相处，创造一个更加和谐的社会。从世界万物和生命的角度来看，情商和边界感不仅是人类社会的需要，也是自然界的智慧。在自然界中，每一个生物都有自己的生存空间和规律，它们相互依存，相互影响，但又各自保持着平衡和和谐。人类作为自然界的一部分，也应该学会如何与自然和谐共处，如何在尊重生命的基础上，追求个人和集体的发展。情商和边界感，是我们实现这一目标的重要工具。

让我们从今天开始，提升自己的情商，培养自己的边界感，成为一个更加成熟和智慧的人。让我们的生活，不仅是为了自己，也是为了他人和整个世界。这样，我们才能真正地活出生命的意义和价值。

不过分干涉他人，
也不让自己受到干涉

在现代社会中，边界感是一种重要的个人能力，它涉及如何恰当地处理个人与他人之间的关系。边界感强的人能够认识到自己与他人的分界线，既不过分干涉他人，也不允许他人过分干涉自己。这种能力有助于建立健康的人际关系，提高个人的心理健康水平。

边界感的培养并不是一蹴而就的，它需要个人的自我认知、自我尊重以及对他人的尊重。在实践中，这意味着要学会说"不"，在必要时保护自己的私人空间和时间，同时也尊重他人的选择和需求。在职场中，边界感可以帮助个人维护工作与生活的平衡，避免工作上的压力影响个人生活。

此外，边界感还涉及如何处理个人信息和隐私。在数字时代，个人信息的保护变得尤为重要。一个有边界感的人会谨慎地分享个人信息，避免过度暴露自己，同时也不会无端侵犯他人的隐私。

其实，世界万物也都是有边界感的，而且它们和人类也是相互呼应、息息相关的。例如河流和人类之间边界感的关联。

人类的边界感通常指的是个体能够认识到自己与他人之间的界限，知道哪些是自己的空间、权利和责任，哪些是他人的。这种边界感对于健康的人际关系至关重要。它帮助人们保持适当的距离，既不过分干涉他人，也不让自己受到干涉。

而河流，从地理的角度来看，边界感体现在其作为自然分隔线的功能。河流常常成为国家或地区之间的自然边界。河流的边界感还可以扩展到文化和情感的层面。在许多文化中，河流被赋予了特殊的意义，它们是神圣的象征，是生命的源泉，也是变革和流逝的标志。

在泰国一个偏远的地区，有一条古老的河流，它的名字已经无人记得。河流蜿蜒经过无数的山谷和平原，见证了无数的历史变迁和文明的兴衰。河流的两岸，是两个截然不同的世界。一边是繁华的城市，高楼大厦林立，车水马龙，人们忙碌地追逐着现代生活的节奏。另一边则是一片宁静的乡村，绿色的田野上散落着几座古朴的村庄，牛羊悠闲地在河边吃着草，孩子们在树荫下嬉戏。

这条河流，就像是一个无形的边界，将喧嚣和宁静，现代和传统，繁荣和朴素，划分得清清楚楚。然而，河流的边界并不是不可逾越的。每天，都有人从这边到那边，或是从那边到这边，他们穿梭在两个世界之间，带来了信息，交流了思想，连接了感情。

有一个少年，名叫阿悟，他住在河流的乡村一侧。每天，他都会站在河边，望着对岸的城市，心中充满了好奇和向往。他听说城市里有高楼大厦，有灯红酒绿，有未来的希望。他梦想着有一天能够跨过这条河流，去到那个光鲜亮丽的地方，看看外面的世界是什么样的。

终于，有一天，阿悟鼓起了勇气，决定踏上旅程。他告别了家人和朋友，带着简单的行囊，乘着一条小船，开始了他的探险。当他到达对岸的时候，他发现城市并不像他想象中的那样。这里的人们虽然拥有很多，但也失去了很多。他们失去了与大自然的联系，失去了简单的快乐，失去了内心的宁静。

阿悟在城市里流浪了许久，体验了城市的繁华，也感受了城市的孤独。他开始怀念家乡的田野，怀念河边的牛羊，怀念树荫下的笑声。他意识到，河流的边界不仅仅是地理上的分隔，更是心灵上的隔阂。他渴望回到那个能够让他心灵安宁的地方。

　　阿悟回到了乡村，他带回了城市的知识和经验，但他的心却留在了河流的边界。他成了一座桥梁，连接了两个世界。他教育村里的孩子们，告诉他们外面的世界有多么精彩，但也提醒他们，不要忘记自己的根和心灵的家园。

　　这个故事告诉我们，河流的边界感不仅存在于地图上，更存在于每个人的心中。它提醒我们，无论我们走到哪里，都不要忘记我们来自哪里，我们的心属于哪里。河流的边界，是一种生活的艺术，是一种心灵的哲学。它教会我们如何在变化的世界中，找到自己的位置和平衡。

　　总的来说，河流的边界感是一个多维度的概念，它涉及地理、心理、文化和环境等多个层面。河流作为自然界的一部分，既是物理的存在，也是心理和文化的象征。它们的边界感提醒我们，无论是在自然界还是人类社会，界限都是至关重要的。它们帮助我们识别和尊重差异，同时也是合作和共生的基础。

在尊重他人的同时，
维护自己的权利

在社会中，边界感是一种非常重要的概念。它不仅关系到个人的心理健康，也是维护和谐社会关系的基石。边界感指的是个体能够识别和尊重自己和他人的界限，包括情感、思想和行为上的界限。一个有良好边界感的人能够在不侵犯他人的前提下，坚持自己的权利和需要。

在尊重他人的同时维护自己权利的实践，是一种平衡艺术。这需要我们具备自我意识，能够清晰地认识到哪些是自己的需求，哪些是他人的需求。同时，也需要我们有沟通的技巧，能够适当地表达自己的想法和感受，而不是通过攻击或者退缩的方式来处理冲突。

这种人类社会中尊重他人又维护自己权利的边界感，和自然界中的树木很像。树木通过其根系和枝叶的延伸，形成了自己的生长空间，这种空间在一定程度上定义了它们的生存边界。这种边界感不仅体现在物理空间上，也体现在生态系统中树木与其他生物的相互作用上。

在人类社会中，边界感体现为个人或集体的空间、权利和责任的界限。这些边界有助于维护社会秩序和个体的独立性。例如，法律和道德规范就是人类社会中划定边界的重要工具。它们像树木的根系一样，为社会成员提供了一个清晰的行为框架。

从树木的边界感中，我们可以获得很多启迪。如边界的重要性、相对性及共生性。边界的重要性表现为：树木的边界感教会我们，明确的边界对于维持秩序和发展是必要的。边界的相对性表现为：树木的边界并不是固定不变的，它们会随着环境和生长条件的变化而变化。同样，人类社会的边界也应当是灵活而又有适应性的。而边界的共生性则表现为：树木的边界感并不意味着孤立，而是在一定的边界内与其他生物共生。人类社会也应当追求在尊重个体边界的同时，实现共同发展和进步。

在一个遥远的森林里，有一棵古老的树，它的根深深地扎进了土地，它的枝叶遮住了天空。这棵树见证了无数次季节的变换，也见证了森林中生物的生生不息。它的存在，就像是森林的边界，它告诉所有的生物，这里是一个安全的家园。

有一天，一位旅行者走进了这片森林。他已经走了很久，穿过了许多没有边界的地方。当他看到这棵树时，他感到了一种前所未有的安宁。他坐在树下，背靠着树干，感受着树的力量和智慧。

旅行者开始思考自己的生活，他意识到，就像这棵树一样，他也需要在生活中设立边界。边界不是为了隔离自己，而是为了保护自己，让自己有空间成长和繁茂。他明白了，边界感不仅仅是一种物理上的概念，更是一种心理上的需要。

从那天起，旅行者开始在自己的生活中划定边界。他学会了说"不"，学会了照顾自己，学会了尊重他人的边界。他的生活变得更加丰富和平衡。他感谢那棵树，感谢它给了他一个启示，让他学会了如何生活。

这个故事告诉我们，自然界的边界感可以启发我们在人类社会中建立健康的边界。通过设立边界，我们可以更好地保护自己，尊重他人，同时也为自己创造出一个更加和谐的生活环境。树的边界感就像是一面镜子，反映了我们内心的边界感，提醒我们要珍惜和维护这些边界。

树木的边界感不仅是自然界中的一种现象，也为我们理解和构建人类社会的边界提供了有价值的参考。通过观察和学习自然界中的边界感，我们可以更好地理解如何在尊重他人的同时，维护自己的权利和空间。这对于建立一个和谐、可持续发展的社会至关重要。

建立边界感，
帮助个人成长与发展

在生活中，边界感是一种重要的心理概念，它涉及个人空间、隐私、情感和行为的界限。边界感帮助个体维护自我与他人之间的平衡，确保相互尊重和个人自由。在不同的文化和社会背景中，人们对边界感的理解和重视程度各不相同，但其核心价值在于促进健康的人际关系和社会互动。

边界感的形成与个体的成长环境、教育背景和社会经验密切相关。从小在家庭中学习到的边界观念，会影响个体日后在社会中的行为模式和交往方式。例如，一个在尊重个人空间和隐私被重视的家庭中长大的孩子，将来在社交场合中更可能表现出良好的边界感。

孟母三迁的故事就很好地体现了边界感和教育的重要性。这个成语最早出自汉代刘向的《列女传·邹孟轲母》。

在战国时期，孟子的父亲早逝，留下孟母一人抚养孟子。孟母非常注重孟子的教育和成长环境。

起初，孟子家住在墓地附近。孟子和其他孩子们模仿成人的丧葬仪式，玩起了送葬游戏。孟母认为这样的环境不利于孟子的成长，于是决定搬家。她希望孟子能够在一个更加积极向上的环境中成长。

第二次，孟母带着孟子搬到了市集旁边。孟子很快就学会了商人讨价还价的本领，整天模仿做生意。孟母再次担忧，这样的环境可能会让孟子变得精于算计，而忽略了学问和德行的培养。

最后，孟母决定搬到私塾附近。在这里，孟子被私塾的氛围所影响，开始学习礼仪和书籍，变得守秩序、懂礼貌。孟母终于满意了，因为她相信这样的环境能够帮助孟子成为一个有学问、有道德的人。

孟子后来确实没有辜负母亲的期望，成了战国时期的思想家和儒家学派的主要代表人物。

这个故事告诉我们，边界感不仅仅是物理上的距离，更是心理和环境上的影响。孟子的母亲通过改变居住环境，为孟子设定了一个有利于学习和成长的边界。这种边界感的建立，对孟子后来成为一位伟大的思想家起到了关键作用。

通过这个故事，我们可以深刻理解到，无论是在家庭教育还是在人际交往中，适当的边界感都是至关重要的。它不仅能够帮助个人成长和发展，还能够促进社会的和谐与进步。

在职场中，边界感的重要性尤为突出。清晰的职业边界感不仅有助于维护个人的工作效率和职业形象，还能避免不必要的误解和冲突。例如，明确的工作职责和权限范围，可以让团队成员各司其职，高效协作。

然而，边界感并非一成不变，它需要随着人际关系的发展和个人经验的积累而不断调整。例如，在与朋友的关系中，随着信任的建立，双方可能会逐渐放宽一些原本严格的边界，分享更多的个人信息和情感。

边界感的缺失或过度强调都可能导致人际关系出现问题。缺乏边界感的人可能会在无意中侵犯他人的空间和隐私，引起别人的不适或反感；而过度强调边界感的人则可能显得冷漠、难以接近，影响正常的社交和沟通。

因此，如何在保持个人独立性和追求社交互动之间找到平衡点，是边界感管理的关键。这需要个体具备自我认知的能力，了解自己的舒适区域和界限，同时也要有社会洞察力，感知他人的边界，并在此基础上进行适当的调整。

总的来说，边界感是生活中不可或缺的一部分，它既是个人自我保护的机制，也是社会和谐相处的基石。通过不断学习和实践，我们可以更好地理解和运用边界感，促进个人成长和社会发展。

边界感让你更专注于自己的事

在现代社会中，边界感能力的重要性不言而喻。它是指个体在与他人互动时，能够设定和维护健康界限的能力。这种能力对于个人的心理健康和社交关系至关重要。通过确立清晰的界限，人们可以更好地保护自己的情感福祉，避免过度消耗自己的精力，从而更加专注于自己的事务和目标。

在职场中，边界感能力尤为重要。它帮助个体在工作和私生活之间建立平衡，防止工作侵蚀到个人时间，保持工作效率和个人满足感。例如，一个能够有效设定工作时间界限的员工，会在下班后彻底断开与工作的联系，投入到家庭生活或个人兴趣中，这样不仅有助于减少职业倦怠，还能提高第二天的工作动力。

在个人生活中，边界感能力同样重要。它使个人能够在亲密关系中保持自我，避免在他人需求和期望中迷失。一个明确自己情感和时间界限的人，会更加自信地表达自己的需要和不适，从而建立起更健康和谐的人际关系。

总的来说，边界感能力是一种自我保护和自我提升的重要技能。它不仅有助于个人专注于自己的事务，还能促进个人的整体福祉。通过学习如何设定和维护界限，人们可以更好地控制自己的生活，实现自我成长和发展。

　　邢菲菲是一个服装设计师,她非常热爱她的工作,但她发现自己经常在工作和个人生活之间难以平衡。她经常加班到深夜,甚至周末也在处理工作邮件。这种情况让她感到疲惫和压力,从而造成她的想象力枯竭,再也无法设计出让人眼前一亮的服装,以致她每次坐在电脑前,总是两眼放空,专注力和工作效率受到严重影响。

　　她对此很苦恼,但一直没有解决办法。因工作效率的降低,邢菲菲最近常被领导批评,说她的设计乏善可陈。

　　一天,邢菲菲无意中参加了一个俱乐部举办的关于时间管理和个人效率的座谈会。在那里,她听到了各行各业的人讲述因为没有边界感产生的苦恼,导师也分享了边界感能力的重要性,她听完受益匪浅,并决定对自己的工作习惯进行一些改变。

　　她开始设定工作时间的界限,比如晚上9点后不再查看工作邮件,周末则完全不工作。她还与团队以及领导进行沟通,希望他们理解自己设立这些边界的原因,并得到了他们的支持。

　　这些改变并不容易,但邢菲菲坚持下来了。她发现,有了清晰的工作和个人时间界限,她能更专注于当前的任务,而不是被不断的工作打扰。她的设计灵感也因此源源不断地袭来,工作效率有了显著的提升。她也有更多的时间去休息和享受个人生活。她的生活质量得到了改善,她感到更加快乐和满足了。

　　邢菲菲的故事展示了边界感能力如何帮助人们更好地管理时间和精力,从而提高专注力和生产力。通过设定合理的工作和个人生活边界,我们可以更有效地利用我们的时间,达到工作和生活的平衡。这不仅有助于我们的职业发展,也有助于我们的个人幸福。在快节奏的工作环境中,培养边界感能力是每个人都应该考虑的重要技能。

清晰的边界，让彼此都有舒适圈

在这个快节奏的社会中，我们每天都在与不同的人交往。在这些交往中，如何保持个人的舒适圈，同时又不侵犯他人的空间，成了一门必修的艺术。清晰的边界，就是这门艺术的基础。

在古代中国，清晰的界限和个人空间被高度重视，这在许多历史故事和文学作品中都有体现。其中一个著名的例子，是《论语》中的"颜渊问仁"。孔子的弟子颜渊问孔子什么是"仁"，孔子回答说："克己复礼为仁。"这句话的意思是，通过克制自己的欲望并遵守礼仪，人可以达到仁的境界。

这个故事强调了个人行为与社会规范之间的界限。在孔子的哲学中，"礼"不仅仅是一套规则或仪式，它代表了一种社会秩序，其中每个人都知道自己的位置和行为的适当界限。通过这种方式，人们能够和谐共存，每个人都能在自己的舒适圈内生活。

颜渊的故事告诉我们，个人的自我修养和对社会责任的认识，是建立和维护清晰界限的关键。这些界限不仅仅是物理上的，更是心理和道德上的。它们帮助人们理解如何与他人和平相处，同时也保护了个人的内心世界不受外界的干扰。

在今天的社会中，这个故事仍然有着深远的意义。它提醒我们，尽管世界不断变化，但个人与社会之间清晰的界限仍然是必要的。它们不仅有助于维护个人的心理健康，还有助于建立一个更加和谐的社会。无论是在家庭、工作还是社交场合中，理解并尊重彼此的界限，都是一种重要的文明行为。

在春秋时期，还有一个故事，这个故事被后人称为"邻里之争"。

故事中的主人公是两位邻居，一位是勤劳的农夫，另一位是喜爱园艺的老人。农夫拥有一片肥沃的土地，而老人则有一个美丽的花园。他们的土地相邻，但由于没有明确的界限，两人经常发生争执。农夫的牛常常误入老人的花园，踩坏了珍贵的花朵；而老人的花朵又时常飘落到农夫的田地里，影响了庄稼的生长。

这种情况持续了一段时间，直到有一天，两位邻居决定坐下来商讨解决方案。他们意识到，只有设立清晰的边界，才能让双方都有各自的舒适圈，避免不必要的纠纷。于是，他们一同测量土地，用石头和树木标出了界限。从此以后，农夫的牛不再闯入老人的花园，老人的花朵也不再飘落到农夫的田地。

这个故事告诉我们，无论是在邻里关系中，还是在更广泛的社会交往中，清晰的界限都是和谐共处的基础。它不仅保护了个体的权益，也促进了相互之间的尊重和理解。在今天的社会中，这个故事仍然具有深刻的启示意义，提醒我们在人际交往中要尊重彼此的界限，以维护和谐的社会环境。

清晰的边界，不仅能够让我们拥有自己的舒适圈，还能够让我们与他人建立起更加健康和谐的关系。当我们学会了如何设定和维护自己的边界，我们就能够在保护自己的同时，也给予他人足够的尊重和空间。让我们一起努力，建立清晰的边界，共同创造一个更加和谐的社会。

没有边界感的生活，充满痛苦

在这个纷繁复杂的世界里，我们每个人都在寻找自己的位置和空间。边界感作为个体与外界沟通的一种重要方式，它定义了我们的个人空间、尊严和自由。当我们失去了边界感，生活便会充满痛苦。

缺乏边界感的生活往往会导致个人感到痛苦和压力。当人们无法为自己设定清晰的界限时，他们可能会发现自己在关系中过度付出，忽略了自己的需求，或者容易受到他人情绪和行为的影响。这种状态不仅会损害个人的自尊和自我价值感，还可能导致心理疲惫和情感耗竭。

边界感的缺失有时源于个人成长过程中的经历。例如，如果一个人在成长过程中经常遭遇边界被侵犯的情况，如被忽视、过度控制或批评，他们可能会逐渐失去建立和维护个人边界的能力。这种情况下，个人可能会发展出一种习惯，即将他人的需求置于首位，从而忽略了自己的感受和需求。

建立健康的边界感对于个人的幸福至关重要。它不仅能够帮助我们更好地认识自己，还能促进更加和谐的人际关系。通过明确自己的边界，我们可以更有效地展现自己的需求和期望，减少误解和冲突，提高我们对生活的满意度。

在小玲的认知中，说"不"是一种不好的言行。在上学期间，小玲就从来不拒绝同学的要求。帮同学带早餐，一带就是整个学期。教室的扫帚、拖把似乎成了小玲的专属物，只要地板脏了，无论轮到哪个同学值日，同学一起哄，小玲便面带笑容拿起工具。有时也会感到累，也有不想动的时候，只是当听到同学们一个劲地夸奖自己，或者埋怨自己怎么变懒了时，小玲便会立刻拿起卫生工具，投入到劳作中。然而，当小玲自己需要他人帮忙时，尽管她不会轻易开口求助于人，但还是会遭到拒绝。这时的小玲会很难过，却又总能替他人的拒绝找到借口。

大学毕业后，小玲在一家公司工作。小玲仍旧成了同事心目中的"老好人"。只要同事有需要，小玲便随叫随到。有时由于自己正在工作中，抽不出身来帮助同事，之后还得顶着笑脸道歉。为同事沏一杯茶，倒一杯咖啡，跑个腿拿些材料，成了小玲额外的专属工作。只是，当小玲偶尔做得没能完全符合同事的心意时，面对他们的抱怨，她也会觉得委屈。可是当下次同事再让她帮忙时，小玲还是会答应，也会更加小心翼翼。

小玲有时也会不情愿，但她担心自己的拒绝会伤害同事间的感情，而且认为自己所做的事真的只是小事。小玲的人缘很好，公司里的人都喜欢她，小玲也很享受这种感觉。小玲帮助别人，并没有想要有所回报。她心甘情愿地帮助他人，他人也心安理得地接受小玲的帮助。

因为搬家去了另一个城市，小玲辞去了工作。而当小玲期盼着同事打电话给他们时，他们只是不停地抱怨小玲走了，没有人再帮他们端茶送水、跑腿了。直到这时，小玲才开始有所醒悟：自己从来无法对别人说"不"，成了众人眼中的老好人，却失去了自我。

当你成了众人眼中的大好人，不要为此感到庆幸，而是该自我警醒：是否自己因被贴上了"老好人"这一标签而成了"牺牲品"？不要当"老好人"，而要做自己人生的主人。

边界感是我们与世界和谐相处的基础。没有边界感的生活，就像没有围墙的房子，任何人都可以随意进出，我们的私人空间和安全感将无从谈起。因此，我们必须学会建立和维护自己的边界，这样才能在保护自己的同时，享受生活带来的乐趣和满足。

让我们从今天开始，认识到边界感的重要性，学会说"不"，为自己的生活画上一道清晰的界限。只有这样，我们才能远离无形的痛苦，拥抱健康和谐的生活。

再好的关系，也会毁于理所当然

在人际关系中，有一种潜在的破坏力量，那就是"理所当然"的心态。这种心态可能源于长期的亲密关系，或者是对他人的持续支持和帮助的习惯性期待。但不幸的是，当我们开始将他人的善举视为理所当然时，我们可能会无意中伤害那些我们最在乎的人。

理所当然的心态会导致我们忽视他人的努力和贡献，减少对他人的感激之情。这种心态还可能使我们对他人的需求和感受变得麻木，从而疏远了曾经亲密的关系。因此，如何避免这种心态，保护和培养我们的亲密关系，成了一个值得深思的话题。

在中国古代，关系的维护被视为一门艺术，师生、朋友、同僚之间的关系需要小心翼翼地呵护。然而，历史上不乏因理所当然的态度而导致关系破裂的案例。这里，我们将探讨一个古代案例，展示即使是最坚固的关系也可能因为忽视和自满而崩溃。

北宋时期，有一位名叫李维的年轻学者。他从小聪明过人，父亲是当地的一位有名望的学者，对他寄予厚望。李维的父亲不仅传授给他知识，还介绍他成为著名学者张载的门生。张载是当时的大儒，他的学问和品德在当时享有盛誉。

李维在张载的门下学习了几年，他的学问日益精进，很快就在学术界崭露头角。然而，随着名声的增长，李维开始变得自负和狂妄。他不再像以前那样虚心学习，反而开始对张载的教导嗤之以鼻。他认为自己已经超越了师父，不再需要师父的指导。

这种态度很快就引起了张载的注意。起初，张载试图以宽容的态度去纠正李维的错误，李维却将这种宽容视为对自己能力的认可。他开始在外界公然批评张载的学说，甚至在张载面前指责他的教学方法过时。张载虽然心怀宽广，但也是有极限的。他对李维的行为感到失望，最终决定与李维断绝师生关系。

李维的行为在学术界引起了轩然大波。许多人开始重新评估他的学问和品行，他曾经的支持者也开始疏远他。没有了张载的支持，李维很快就发现自己在学术界的地位岌岌可危。他试图挽回名誉，但已经太晚了。他的狂妄和自满最终导致了他被孤立。

这个故事告诉我们，无论关系多么牢固，如果一方采取理所当然的态度，不珍惜和尊重对方，这种关系迟早会破裂。在古代，这种关系的破裂往往意味着名誉和前途的毁灭。因此，我们应该从这些故事中吸取教训，珍惜和维护我们的人际关系，避免因自满和忽视而导致不可挽回的后果。

首先，我们需要认识到，每个人的付出都是宝贵的，都值得我们的认可和感激。无论是家人、朋友还是同事，他们的每一次帮助都是基于对我们的关心和爱。我们应该时刻保持感恩的心态，对他人的任何帮助都表示感谢。

其次，我们应该积极表达我们对他人的感激之情。这不仅可以通过言语来表达，也可以通过行动来展现。比如，帮他人一个小忙作为回报，或者仅仅是一个温暖的拥抱或一个真诚的微笑，都能有效地传达我们的感激之情。

　　最后，我们需要不断地反思和评估我们的行为和态度。我们应该问自己，我们是否在某种程度上对他人的善举产生了依赖，是否有意无意地忽略了他人的感受。通过自我反省，我们可以更好地理解和珍惜他人对我们的好意。

　　总之，理所当然是一种危险的心态，它可能会无声无息地破坏我们的关系。通过保持感恩的心态，积极表达感激之情，以及不断的自我反省，我们可以避免这种心态的陷阱，维护和加强我们的人际关系。让我们一起努力，珍惜每一份关系，不让任何一份善意被理所当然地忽视。

你不是救世主，不要什么忙都热心帮

乐于助人，这当然是好事。著名心理学家阿德勒曾经表示："帮助他人，才是人类实现自我价值的最佳途径。"不过，如果为了帮助别人，却让自己陷入另一种困境，这显然不是一件好事。毕竟，帮助别人需要占用自己的大量时间，而如果我们从不拒绝，那么势必会忙得不可开交。只顾着帮别人的忙，自己的事情却做得很少，这当然会极大地降低自己的工作效率。

不可否认的是，总有一些人，会一而再，再而三地央求我们帮忙，甚至有些要求已经违背了原则和边界。面对这样的人，如果我们不懂得守住边界，依旧毫无保留地帮忙，那么久而久之，我们就会被贴上这样的标签："他这个人什么忙都帮！以后有什么事情都找他！"

就算再热心的人，恐怕也不可能永远义务劳动，永远不忙自己的事情，更不会帮助一些坏人做坏事。所以，帮助人是好，但是，我们也要坚守自己的边界，拒绝得寸进尺。

孙强在大学时期是学生会主席，总是热心帮助同学们。到了工作岗位也是如此，很热衷于帮助同事。这个同事太忙，来不及做计划书，他就帮忙把文本格式做好；那个同事中午加班没时间吃饭，他也会帮忙带上一份饭回来。所以，孙强在单位里有很好的口碑。

这天，孙强的一个同事要连夜加班，于是找到他说："孙强，我手头有个客户的资料，需要录入进数据库，你看，你能帮帮我吗？"

孙强听完，皱了皱眉头，说："咱们公司有规定，客户资料一对一跟进，不能随便泄露，包括同事。再说，我晚上也有一件重要的事情要忙，这次真不好意思。"

"你，你怎么这样呢？让你帮个忙，又不是让你干什么！"同事显然有些不高兴。

孙强义正词严地说："真的，不是不帮，而是咱们有明确规定。你说其他事儿，我推辞过吗？我不能因为帮忙就破了底线！"

恰巧，有一个很佩服孙强的新人庄羽听到了他们的对话，急忙说道："没事，我来！哥，你交给我！"

看见有人主动帮自己忙，同事当然很高兴，将资料递给庄羽后就去忙了。孙强拉住他说："庄羽，帮助人没有关系，但是，有原则的事情，你不能就这么……"

庄羽说："孙哥，你太小心了！没事，我注意点就好！"

看着庄羽离开，孙强摇了摇头。

没想到，最后的结果还真让孙强说中了。因为粗心，庄羽把那份重要的客户资料录入错了，还不慎在玩微博时进行了共享，结果，客户资料被泄露，老板大发雷霆。最后，还是孙强求情，让这件事得以解决。

庄羽有些不服气，找到孙强诉苦。孙强说："小庄，你要记得，虽然帮助别人可以让你在单位里有个好名声，但是底线不能碰！第一，你不能耽误自己的工作；第二，不能破坏单位的规矩。否则，到头来吃亏的只有你！"

庄羽与孙强相比，显然还太稚嫩。对于帮助别人，孙强很能把握住度，首先是不耽误自己的事情，同时还能很好地控制住职责边界。毕竟在工作中，每个人的职责都是明确的，你没有义务在别人的工作上插手，而且有时候你帮他人做了，还会涉及越权问题，不仅不会得到好处，还有可能会被上司批评。庄羽显然没有意识到这一点，结果捅了大娄子。

　　所以说，帮助别人固然很好，但是我们也要控制住边界。帮助是有限度的，我们不能听到对方有要求，就立刻放下手里的活去帮忙，哪怕明明知道对方的要求是违反原则的。这就像如果你不会游泳，听到有人要你下河救人，你根本不拒绝就往水里跳，这不等于自找苦吃吗？

　　当然，如果我们有帮助人的好习惯，那么就应该保持下去。毕竟，乐于助人无论在哪个时代，都是值得赞扬的。我们需要做的，是找到边界、找到一个平衡点、找到一条底线，在帮助人的同时，也能够根据原则说"不"。

第二章

沟通边界感：
别让口无遮拦毁了你

把握语言的边界，
拿捏好说话的尺度

在多元文化的交流中，语言不仅仅是沟通的工具，更是文化的载体。每一种语言都有其独特的表达方式和文化背景，因此，在使用语言进行交流时，了解和尊重这些差异至关重要。这不仅能够帮助我们更好地理解对方，也能避免不必要的误解和冲突。

语言的边界不仅体现在词汇的选择上，更体现在语言所承载的文化意义和社会规范上。例如，一些词汇在某些文化中可能是中性甚至是正面的，但在另一些文化中可能带有负面含义。因此，把握语言的边界，意味着我们需要对不同文化的语言习惯有所了解，以便在交流中做出恰当的语言选择。

语言是人际交往的工具，讲究方式方法，说话要把握一个相应的尺度。我们在与人交谈或者交往的过程中，如果没有领悟对方的意图就不要随意开口，不能带着情绪指责甚至拆别人的台，毕竟人人都有自尊和容忍的底线；更不能无事生非没话找话，那样只会适得其反，甚至弄巧成拙，让事情变得糟糕。如果你是个细心的人，就不难发现，生活中发生的很多口角，大多是因为说话没有把握好尺度。

张佳在一家国际公司做项目经理。他聪明、勤奋，但他有时候说话很直接，不太注意措辞，这让同事们感到不舒服。一次，公司安排了一个重要的项目给他的团队，这个项目的成功与否直接关系到公司的利益。

　　在项目启动会上，张佳详细地介绍了项目计划，并给出了严格的时间表。然而，在回答同事提问时，他的语气生硬地回复说："你懂什么？你听我的就是了，什么都不懂，还总是瞎问。"

　　张佳的回答立刻让同事陷入了尴尬之中，这位团队成员很生气，感觉被冒犯到了，但想到正在项目启动会上，也就没多说什么。不过，团队的氛围瞬间变得紧张起来。

　　张佳的上司注意到了这个问题，决定私下和他谈谈。上司向张佳解释，说："在职场中，沟通不仅仅是传递信息，更是一种艺术。你在说话时，应该更加注意听者的感受，尽量使用积极、鼓励的语言，避免使用可能引起误解或冲突的词汇。像你在项目启动会上那样说话，会严重破坏团队氛围。你让同事尴尬了，你以后项目怎么做？难道都由你自己大包大揽吗？还是需要所有团队成员共同努力才行。"

　　张佳意识到了自己的问题，开始努力改进。他开始在团队会议上使用更加温和、包容的语言，同时也更加注重倾听同事的意见。他学会了在批评时使用"我觉得"或"我建议"等表达方式，而不是直接指出别人的错误。

　　随着时间的推移，张佳的沟通方式得到了同事们的认可，团队的合作也变得更加顺畅。项目最终取得了巨大的成功，张佳也因为他的领导能力和改进的沟通技巧获得了晋升。

　　这个故事告诉我们，把握好语言的边界和说话的尺度，不仅能够帮助我们在职场中建立良好的人际关系，还能够提升我们的职业素养。通过不断学习和实践，我们可以成为更有效的沟通者。

　　总之，语言是一个强大的工具，它能够帮助我们建立联系、传递信息和表达情感。但同时，语言也是一个需要谨慎使用的工具，因为它有可能成为误解和冲突的源头。因此，我们需要学会把握语言的边界，拿捏好说话的尺度，以便在多元文化的世界中，进行更有效、和谐的沟通。

慎说"砸锅话"，
别让他人厌烦你

　　言语是人类沟通的桥梁，它能够传递思想、情感和意愿。然而，这座桥梁并非总是建立在温暖和理解之上。有时，它也可能成为冲突和误解的源泉。在日常生活中，我们经常听到一些直率到几乎粗鲁的言论，这些言论在社交场合中被称为"砸锅话"。

　　"砸锅话"可能源自坦率的个性，或者是对某种情况的直接反应。但不论出于何种动机，这样的言论往往带有一种冲击力，能在瞬间改变听者的情绪和对说话者的看法。它们像一颗颗小石子，投入平静的湖面，激起一圈圈涟漪。有时，这些涟漪会扩散开来，影响到更远的地方。

　　在工作环境中，一句不经意的"砸锅话"可能会让同事感到不舒服，甚至引发职场的矛盾。在家庭中，尖锐的批评可能会伤害到家人的自尊心，导致关系的疏远。在朋友圈里，过于直白的评论可能会让人感到尴尬，影响彼此的友谊。

　　"砸锅话"之所以具有如此大的影响力，是因为它触及了人们最敏感的部分——自我认同和情感。当人们感到被误解或贬低时，他们的自我防卫机制会启动，这可能会导致防御性的反应，甚至是攻击性的回应。

　　张伟是个出了名的工作狂，他总是第一个到达办公室，也是最后一个离开。他的同事们都很尊敬他对工作的投入和热情。然而，张伟有一个习惯，那就是经常说一些消极的话。

一天，办公室里的气氛格外紧张，因为公司即将宣布重要的财务报告。大家都在努力工作，希望能得到好的结果。这时，张伟走进会议室，看着大家说："唉，不管我们怎么努力，这个季度的报告肯定不会有什么好结果。市场竞争太激烈了，竞争对手又太强，我们的产品更新得太慢了。"

张伟的话立刻让办公室里的气氛变得更加沉重。他的同事们感到沮丧，因为他们都很努力地工作，希望能够看到成果。张伟的"砸锅话"不仅没有带给他们帮助，反而打击了大家的士气。

几天后，公司的财务报告出炉了，结果出人意料的好。公司不仅达到了目标，甚至还超额完成了。这个结果让大家都很高兴，但也让张伟感到尴尬。他意识到，他的消极言论并没有基于事实，而是基于他个人的偏见和恐惧。同事们也纷纷抱怨张伟，认为他"唯恐天下不乱"。

领导知道了这件事后，也专门找张伟谈话，提醒他在办公室中少传播这些负能量的东西。

从那以后，张伟学会了慎重地发言。他开始鼓励同事们，而不是用消极的话来打击他们。他也意识到，积极的态度和言论有助于建立一个更好的工作环境，而"砸锅话"只会让人厌烦。

这个故事告诉我们，言语的力量是巨大的。它可以提升人们的精神，也可以摧毁人们的信心。因此，我们应该慎言，尤其是在团队环境中，我们的话语会影响到周围的每一个人。让我们选择鼓励和支持，而不是无端的批评和消极的言论。这样，我们不仅可以帮助他人，也可以帮助自己成长和进步。

　　然而，言语的力量并非只有负面影响。它还可以安抚、鼓励人心和建立人与人之间的信任。在我们的言辞中蕴含着责任，这种责任要求我们在说话之前思考，选择那些能够建立而非破坏信任的言辞。

　　在这个信息爆炸的时代，每个人都有发声的权利，但同时也承担着言语的责任。我们的话语，无论是在现实生活中还是在虚拟空间里，都能产生深远的影响。因此，我们需要学会慎言，用我们的言语去构建而不是去破坏，去治愈而不是去伤害。

　　最终，言语的边界不仅仅是社交礼仪的问题，它更是一种对他人的尊重和对自己言行后果的认知。在我们的每一句话背后，都应该有一颗负责任的心和一份对他人的深切关怀。

从对方的角度思考，
明白对方的边界在哪里

在社会中，每个人都是一个独立的个体，拥有自己的思想、情感和界限。这些界限不仅仅是物理上的距离，更是心理上的一种保护机制。它们帮助我们定义自我，同时也是我们与他人互动的基础。

当我们试图从对方的角度出发，去理解他们的界限时，我们实际上是在尝试建立一种共鸣。这种共鸣不是简单的同情或共感，而是一种深入的理解和尊重。它要求我们放下自我中心的视角，真正地倾听和感受对方的需求和感受。

在日常生活中，我们经常会遇到需要与他人沟通和协作的情况。这时，如果我们能够意识到对方的界限，并在此基础上进行交流，那么我们就能够避免许多不必要的冲突和误解。例如，在工作中，如果一个团队成员对项目的某个方面持有不同意见，其他成员如果能够从他的角度出发，理解他的担忧和顾虑，那么团队就更容易找到一个双方都满意的解决方案。

然而，理解他人的界限并不总是容易的。每个人的界限都是由他们的个人经历、文化背景和价值观塑造的。这些界限有时是明确的，比如个人空间和隐私，但有时也是模糊的，比如情感需求和心理压力。因此，当我们试图理解他人时，我们需要保持开放和敏感的态度，避免用自己的标准去衡量他人。

在人际关系中，对界限的尊重是一种基本的礼貌。它不仅体现在我们的言语和行为上，更体现在我们的态度和意识上。当我们能够从对方的角度出发，理解并尊重他们的界限时，我们就能够建立起更加坚固和谐的关系。

在某一个时期，戴尔·卡耐基都会租用纽约一家餐厅的舞厅来举办几天的讲座。时间久了，也许是餐厅觉得这是个挣钱的好机会，就提出要把租金提高两倍。那段时间，讲座的票已经全部卖完，换地方是不可能了，改时间也不现实，但同时突然就要多付两倍的租金，戴尔·卡耐基也不愿意。于是，他找到饭店的经理进行了一次谈判。

戴尔·卡耐基说："我刚听说你们想把场地的租金提高两倍，听到这个消息我感到非常震惊。但我理解你的做法，你的职责就是要让餐厅的利益最大化。不过，我是否可以向你借一张纸，我们来算一下，如果把场地租金提高两倍，它会给餐厅带来哪些好处，又会有哪些坏处。"

餐厅经理取过来一张纸，戴尔·卡耐基在这张纸的中间画了一条线，在线的左边写了一个"利"字，在线的右边写了一个"弊"字。然后，在利这一边写下了"舞厅，提供租用"，接着对经理说道："若是这个舞厅是空闲状态，把它作为舞会或者会议使用，租金是要比我的讲座租金高很多。这对饭店来说，肯定是非常有利的。

"接下来，我们再来看一看它的弊端。最明显的弊端，就是你这段时间无法从我这里获得租金，而你临时想要找到这么多天连续租用你场地的顾客，也不一定来得及。如果你真的要提高两倍的价格，我肯定负担不起这笔费用，只能另找地方举办讲座了。

"其次，对饭店还有另一个弊端。因为我的讲座来的都是有知识、有文化的人。这些人的到来，对于饭店来说本身就是一个很好的宣传，而且这个宣传还是免费的。你即便在报纸上花大价钱做宣传，效果也不一定会比我的讲座来得好。这对于你们而言，不是一笔更大的财富吗？"

戴尔·卡耐基写下了这一利两弊后，把纸折好，交给了经理，说道："希望你能认真地考虑一下，然后告诉我你最后的答案。"第二天，卡耐基就收到了饭店经理的回复，答应把租金只提高一倍，而非原来的两倍。

从这个案例中我们可以看出，戴尔·卡耐基在和饭店经理的沟通中，一句也没有说如果场地租金提高对自己有什么损失，而是一直站在对方的立场，算着租金提高两倍后，对饭店的损失。最后，经理也从中看到了利弊，最后答应降低租金。而卡耐基虽然没有达到还按原价来租用场地，但也接受了一倍的提高，而不是坚持一点也不肯提高。这也就是让双方都得到了利益，是最理想的结果。

可见，要想有效实现共赢，就应当适当站在对方的立场上去思考问题、去说话，进而促成谈判。千万不可过于贪心，完全置对方的利益于不顾，言辞之间都只顾着自己的利益。

总的来说，从对方的角度思考，明白对方的边界在哪里，是一种值得我们在日常生活中培养和实践的能力。它不仅能够帮助我们建立更加和谐和富有成效的人际关系，还能够促进我们的个人成长和社会进步。让我们一起努力，成为更加善解人意和富有同理心的人吧。

见好就收，凡事留有回旋余地

　　在人生的旅途中，"见好就收"和"凡事留有回旋余地"是两条智慧的箴言。它们提醒我们，在任何情况下都要保持谨慎和节制，不仅仅是为了今天的成功，更是为了未来的可能性和机遇。

　　"见好就收"这个成语告诉我们，在达到一定的成功后，应该知道何时停止，满足于已经取得的成就。这不仅是一种自我控制的体现，也是一种对未来不确定性的尊重。在商业、投资甚至日常生活中，这个原则都是非常重要的。它可以帮助我们避免因贪婪或过度自信而造成的损失。

　　而"凡事留有回旋余地"则是另一个重要的策略。它意味着在做任何决定时，都要考虑到未来可能发生的变化，留下足够的空间来应对这些变化。这种思维方式鼓励我们在规划和决策时，不要将自己置于死角，而是要有预见性和灵活性。

　　结合这两条原则，我们可以得出一个重要的生活哲学：在顺境中保持谦逊，在逆境中保持希望。这意味着在成功时不骄傲自满，在困难时不失去信心。这种平衡的心态可以帮助我们更好地享受生活的每一个阶段，同时为未来的挑战做好准备。

　　在一个叫玉石村的地方，有一个年轻人名叫王江。王江从小就对玉石有着特别的感情，他的父亲是村里有名的玉石工匠，从小就教他识别和雕刻玉石。

随着时间的推移，王江的技艺越来越精湛，他开始有了自己的小作坊。他的玉石作品因为精美绝伦，很快就在市场上赢得了声誉。不久，王江的作坊生意兴隆，订单源源不断。

然而，王江并没有因此而盲目扩张。他记得父亲曾经告诉他的一句话："做人做事，要像雕刻玉石一样，见好就收，留有余地。"王江深知，过度的贪婪只会让人失去更多。于是，他决定只接受他能够处理的订单，保持作坊的规模，不盲目追求利润。

有一年，玉石市场突然变得异常火爆，很多商人都开始大量囤积玉石，希望在价格上涨时卖出去赚取巨额利润。王江也面临着是否跟风的选择。

在这个关键时刻，王江想起了父亲的教诲，他决定不去囤积玉石，而是继续专注于他的手艺和作品。果不其然，市场很快就出现了泡沫，许多囤积玉石的商人最终损失惨重。

而王江因为坚持"见好就收"的原则，不仅保住了自己的作坊，还因为他的诚信和稳健，赢得了更多客户的信任和尊重。他的作坊在玉石市场的波动中岿然不动，成了一个传奇。

王江的故事展示了"见好就收""凡事留有回旋余地"的智慧，提醒我们在任何时候都要保持清醒的头脑，不被眼前的利益蒙蔽，从而做出明智的决策。

"见好就收"和"凡事留有回旋余地"不仅仅是简单的两句话，它们代表了一种深思熟虑和前瞻性的生活态度。在这个快速变化的世界中，拥抱这种态度，我们将能够更加从容地面对生活的起起落落，把握住每一个机会，迎接每一个挑战。让我们在生活中实践这些智慧的箴言，创造一个更加美好和可持续的未来。

回绝时也讲边界，话不能说得太死

在日常生活中，我们经常面临着需要拒绝他人请求的情况。这可能是因为时间不允许、能力所限，或者仅仅是因为我们不愿意。无论原因是什么，如何在表达这种拒绝时，既能够维护自己的界限，又不至于伤害到他人，是一门需要学习的艺术。

拒绝时讲边界意味着我们需要清楚地表达自己的立场，同时也要考虑到对方的感受。这不仅仅是一个言语的技巧，更是一种对自我和他人的尊重。在表达拒绝时，我们应该避免使用绝对的词汇，如"永远""绝对"或"不可能"，因为这些词汇往往会给人一种结束对话的感觉，使对方感到绝望和不被尊重。

相反，我们可以使用更加柔和、具有弹性的语言。例如，我们可以说"现在不是一个好时机"，或者"我需要考虑一下"。这样的表达方式给了对方一个希望，即在未来的某个时刻，当情况发生变化时，我们可能会改变主意。

在某些情况下，我们可以提供一个替代方案，这样即使我们拒绝了对方的请求，也给了对方一个可行的选择。这种方式不仅展示了我们的善意，也有助于维护和谐的关系。

此外，我们还可以在拒绝时表达感激之情。感谢对方的邀请或请求，即使我们无法接受。这种感激的态度可以缓和拒绝的冲击，使对方感到被尊重。

《三国演义》中有个十分有才华的人叫华歆，他曾经在吴国孙策手下任职。后来，孙权接替了孙策，但是他并无抱负，只想偏安江东。与此同时，曹操却挟天子以令诸侯，积极招揽天下英才，华歆便是曹操盛情邀请的人才之一。

华歆决定去投奔曹操，他的朋友、同僚听说后，纷纷带着丰厚的礼物登门拜别。来了一千多人，仅馈赠的黄金就有数百两之多。

华歆一方面不想接受这些礼物，因为无功不受禄；另一方面，他又不好当面拒绝，让人觉得自己不近人情。于是，他将礼物全收下了。

正式出发的日子到了，华歆家里热闹非凡，亲朋好友都来送行了。

华歆隆重地设宴款待大家，等到酒宴接近尾声的时候，他对所有客人说："我本来不想拒绝大家的好意，却没想到竟然收到了这么多礼物。可是，考虑到我这次单车远行，带着这么多贵重物品上路，恐怕太危险了。所以，各位的好意我心领了，礼物还是请大家各自带回吧。"

众人听后，知道华歆顾全了大家的尊严，于是只好将礼物带回，并且颂扬了华歆的高尚美德。

华歆一开始为了顾全亲友的情面，接受了亲友的礼物，后来又当众含蓄地退回了礼物，大家不但没有责怪他，反而都对他敬佩有加，这就是拒绝的艺术。

拒绝时的沟通技巧是维护人际关系和个人边界的重要工具。通过避免绝对化的语言，我们可以更加有效地表达自己的立场，同时保持与他人的良好关系。这不仅是一种社交技能，更是一种生活智慧。在日常生活中，我们可以通过练习和反思，不断提升这方面的能力，使自己在各种社交场合中都能游刃有余。

命令式的口气，
让你的人际关系一团糟

话语，作为人类最基本的沟通工具，承载着信息的传递和情感的交流。在这个过程中，说话的方式——特别是那种带有命令色彩的口气——往往会在不知不觉中影响到我们与他人的关系。

命令式的口气，通常是指那种直接、强硬甚至有些专横的说话风格。它像是一把无形的权杖，试图控制听者的行为和思想。在某些情况下，比如紧急情况或军事指挥，这种口气可能是必要的。然而，在日常生活中，过度使用命令式口气却可能带来负面的后果。

当一个人习惯于用命令的方式与人交流时，他可能会给人一种高高在上、不可一世的印象。这种印象很容易引起他人的反感和抵触，因为没有人愿意被另一个人随意指挥。即使是在上下级的关系中，过于强硬的命令也可能会损害领导者与下属之间的信任和尊重。

此外，命令式的口气还可能阻碍有效的沟通。它创造了一种单向的信息流，使得对话变成了单方面的指令传达。这种沟通方式忽视了对话的双向性，即信息的交换和意见的互动。当人们感觉自己的声音被忽视时，他们可能会选择闭嘴，这样就失去了沟通的本质——共享和理解。

张亮在公司当了一个小领导，说话总是喜欢用命令的口吻。

有一次，他请一个朋友帮忙，鉴于彼此关系很熟，说话也不客气，他直接用命令的语气吩咐朋友去做。朋友听了之后，虽然嘴上勉强应承了下来，心里却很不是滋味，嘀咕道："就算是朋友，也不该这么不客气吧？我又不欠你什么，帮你做事却连一句好话都讨不到，难道我就活该听你使唤？"

朋友心中怒火难消，就一直拖着不给他办事，结果耽误了时日，没能办成。他因为误了事，心里很不舒服，埋怨朋友忘性大、不靠谱。此时，朋友对他已经无话可说，觉得他从来就不知道什么是尊重人，不宜深交。渐渐地，朋友就疏远了张亮。久而久之，两个人还闹起了矛盾，最后竟成了陌路。

尊重别人，不管对方是谁，如果希望他能按照自己的意愿做事，就应多提建议，而不是命令。在这方面，很多人面临的困难是：对待长辈、上级可能比较容易做到；可是对待晚辈、下属，尤其是自己的伴侣和孩子时，就很难做到。他们认为命令更直接、更明确，没有必要与他们客套。所以我们常常听到大人冲着孩子大喊大叫："今天下午必须写完作业！""把你的房间整理好！"

可以想象，这类人在家庭生活中喜欢指手画脚，但他的家庭往往一团糟，他也经常会埋怨：孩子们都不听话，真是太气人啦。

与其出力受气，不如多动动脑子，学学如何改变自己的作风，把命令的口气变成提建议。

很多人都有这样的经验：在单位里有些人很难管教，是刺头，可他们偏偏对某位领导言听计从，其中固然原因多多，但是不排除是这位领导采取了提建议的方法。

安迪是一个很会沟通的人。在处理工作的时候，即便是发现了员工工作中的失误，她也总是把选择的权力交给当事人。比如有一次，她在审验员工做的一份季度生产报告的时候，发现了一些问题，但是她并没有明确地指出这个地方需要修改，而是把员工悄悄叫过来，告诉他说："你看这个地方，如果换成另外一种方式，是不是效果会不同？"

一般这样的建议性的意见，员工都会接受，并认真地考虑。安迪很少把自己的意见强加于人，而是善于以提醒的方式，让员工自己去发现工作中的疏漏，员工们既做出了成绩，又会感激她的提醒。

多提建议，让对方感受到充分的尊重，使他产生受重视的感觉，他就会希望与你合作，而不是想方设法反对你。用建议而不用命令，还是帮助一个人改错的良方。

有人说过："用建议来替代指使，可以令人信服；用请求替代指使，可以令人高兴地执行；用商量替代指使，会有人主动请缨；用赞美替代指使，对方会用行动证明你是对的。"既然有这么多的方式可以让你达到预期的目的，为何偏偏要强硬地命令别人？为人处世的基本原则，就是懂得尊重别人，你敬人一尺，别人自会敬你一丈。

幽默也有边界，
开玩笑也要讲分寸

　　幽默，这个词汇通常让人联想到欢笑、轻松和快乐。在许多情况下，幽默确实能够为我们的日常生活增添色彩，让我们在忙碌和压力之中找到一丝慰藉。一句机智的玩笑，或是一个时机恰当的笑话，都能够让人们的心情瞬间明朗。

　　然而，幽默并不总是无害的。它像是一把双刃剑，如果使用不当，就可能伤害到他人，甚至破坏原本和谐的关系。因此，了解幽默的边界，学会在开玩笑时讲分寸，对于每个人来说都是一项重要的社交技能。

　　幽默的边界通常由社会文化、个人经历和情境上下文共同定义。不同的文化对于幽默的接受程度和类型有着不同的看法。在某些文化中，自嘲被视为一种智慧的表现，而在另一些文化中，这可能被认为是不恰当的。个人经历也会影响一个人对幽默的感受。对于曾经经历过某些困难的人来说，相关的玩笑可能会触发不愉快的回忆。

　　此外，情境也是决定幽默边界的重要因素。在正式的商务会议上，过于轻佻的玩笑可能会被认为是不专业的。而在朋友聚会中，相同的玩笑可能会引起一阵欢笑。因此，我们在开玩笑时，需要考虑到当前的环境和氛围。

　　幽默的边界还与个人的界限紧密相关。每个人都有自己的敏感点和不愿触及的话题。这些界限可能与种族、性别、身体形象、宗教信仰或个人经历有关。当玩笑触及这些敏感话题时，原本无害的幽默就可能变成伤害。

律师这个职业是最需要表达能力的。只有拥有一副好口才的律师，方能在其岗位上做出一番业绩。虽然我们不能要求律师像一台毫无感情的机器，也不能说律师口中的幽默就是不合时宜，但身为一名律师，在谈话过程中一定要注意，切不可开过分的玩笑，否则，吃亏的就是自己。

> 一位律师总是带着满身的伤痕回家。妻子很纳闷，问："你究竟是律师还是打手？怎么总是这么狼狈？"
>
> 律师回答道："别提了，那帮当事人真是太难伺候了，一句话说不对就动拳头揍我。"
>
> 妻子奇怪地问："你都说什么了？"
>
> "今天有一个当事人要起诉他的同事。因为那个同事总是在单位辱骂他的妻子，说他妻子尖嘴猴腮的，一看就不是好人，还说她没有进化好，过早从树上下来生活。我说：'嗯，没问题，可以起诉她侵犯名誉权，让她赔礼道歉、赔偿损失。对了，你带你妻子的身份证了吗？我需要一张复印件和一份委托书。'他很痛快地把东西给了我，结果我随口的一句话，就挨揍了。"
>
> "你说什么了？"
>
> "我说：'咦，奇怪，现在怎么连猴子也需要办身份证了？'"

这种律师确实欠揍。无论是谁听到这样的话，哪怕是再幽默，恐怕也笑不出来，挥动拳头或许都是轻的了。

开玩笑的尺度多少是合适的，跟朋友的距离多远才能达到幽默的长度，是需要思考的。如果是好朋友，拿人们时常讽刺的幽默来开玩笑，可以引起人们的共鸣，换了不熟的朋友，恐怕会被人说你不分轻重，没有边界感。

总之，幽默是一种宝贵的人际交往技巧，但我们也需要谨慎使用。我们应该追求那种能够让所有人感到舒适和快乐的幽默，而不是那种只有少数人能够理解的幽默。让我们在幽默的边界中寻找平衡，用心去感受和尊重他人，让幽默成为连接我们的桥梁，而不是隔阂。

分清楚场合，别让风趣成为尴尬

在生活的舞台上，风趣是一种令人愉悦的调味品，它能为沉闷的日常带来欢声笑语。然而，风趣如同一把双刃剑，掌握得当，可以成为人际交往中的润滑剂；若是使用不慎，则可能造成令人尴尬的局面。在这个多元化的社会中，分清楚场合，让风趣恰到好处，是一种智慧，也是一种艺术。

想象一下，在一场正式的商务会议中，突然之间，有人开了一个并不合时宜的玩笑。原本严肃的气氛被打破，有的人可能会露出尴尬的笑容，有的人则可能会皱起眉头。这时，风趣不再是一种风度，而是一种负担。因此，在不同场合展示不同的风趣，是每个人都要学习的技能。

有一个知名的书法家，人们都尊称他为王老师。王老师的书法在全国都享有盛名，他的作品不仅书写精美，而且富含哲理。

一次，王老师被邀请到一个宴会上展示他的书法艺术。宴会上聚集了许多社会名流和艺术家，大家都期待着王老师的表演。

当王老师挥毫泼墨，现场气氛庄重肃穆时，一个年轻的富商为了活跃气氛，突然站起来，大声对王老师说："王老师，听说您的书法如同您的酒量一样，都是一绝，今天能否一醉方休？"

这突如其来的玩笑让在场的宾客都感到有些尴尬，因为在这样的场合，开这样的玩笑显得有些不合时宜。王老师也微微一愣，但他很快就反应过来。

王老师微笑着回答道："年轻人，书法之美，在于心静如水，酒虽好，却不宜过量。今天我若一醉方休，恐怕就要辜负在座各位的期待了。"

王老师的回答既保持了自己的风度，又巧妙地化解了尴尬的局面。年轻富商听后，也意识到了自己的不妥，连忙道歉，并表示以后一定会注意分清场合，不再让风趣成为尴尬。

年轻富商这种不分场合的说话方式，会给人一种粗俗浅陋的感觉，故而这位年轻富商的形象也会在大家的心中大打折扣，甚至还会让人质疑他的动机和人格品质。而王老师得体风趣的回答，则展示了很好的幽默水平和文化涵养，瞬间化解了紧张的气氛。

一个人风趣的背后，是对人性的深刻理解和对社会规则的敏锐洞察。它要求我们不仅要有幽默感，更要有观察力、同理心和判断力。这些能力的结合，使我们能够在不同的社交场合中，做出最合适的行为选择。

因此，让我们在追求风趣的同时，也要分清楚场合，不让风趣成为尴尬。让我们的智慧和艺术，在生活的每一个角落绽放光彩。这不仅是一种生活的态度，也是一种成熟的表现。

面对别人的自嘲，绝不可妄加评论

在社交互动中，自嘲是一种常见的幽默形式，它可以是一种缓解尴尬、展示自信或自我调侃的方式。然而，当别人自嘲时，我们作为旁观者或听众的反应，应该是什么呢？这篇文章将探讨这个话题，并提供一些指导原则，帮助我们更好地理解和回应他人的自嘲。

首先，我们需要认识到，自嘲可能是对个人不安全感或不足的一种表达。当一个人通过自嘲来谈论自己的缺点或失败时，他们可能在寻求安慰或认同。在这种情况下，即使自嘲看起来幽默，也可能隐藏着深层的不安或挑战。

因此，面对别人的自嘲，最重要的是要展现出同理心和敏感性。这意味着，我们应该避免立即做出评价或评论，特别是那些可能被视为负面或批判性的评论。相反，我们可以通过微笑、点头或简单的肯定来回应，以示我们理解并接受对方的幽默感。

我们应该意识到，文化差异也会影响自嘲的含义和适当的回应方式。在不同的文化背景下，自嘲的接受度和期望的反应可能大相径庭。因此，在跨文化交流中，更加谨慎和敏感是必要的。

张老师是一位深受学生喜爱的中学历史老师，他教学生动，课堂上常常自嘲"我是个历史迷，除了历史什么都不懂"，学生们都乐在其中，觉得张老师既幽默又亲切。

然而，有一次在家长会上，张老师又开了同样的玩笑。一位家长听后，当场就说："张老师，您这么说可不好，我们可都指望您教好我们的孩子呢！"这番话让张老师有些尴尬，其他家长也感到了不自在。

事后，这位家长意识到自己的回应可能有些过激。他找到张老师，解释说自己只是出于对教育的关心，并没有质疑张老师的能力。张老师微笑着回应："没关系，我理解您的担忧。其实，我自嘲也是希望能够减轻学生的学习压力，让他们更加喜欢历史。"

面对别人的自嘲，不必妄加评论，因为那可能是对方自我调侃的一种方式。而作为旁观者，给予一个微笑或者简单的肯定，往往是最好的回应。

总之，面对他人的自嘲，我们应该保持敏感和尊重。通过这样做，我们不仅能够维护和谐的社交环境，还能让他人感到被理解和接纳。记住，幽默是一种艺术，而艺术总是需要观众的共鸣和理解。

第三章

处世边界感：
甘做配角，锋芒太露遭人嫉

让对方做主角，
自己心甘情愿当配角

在这个快节奏的时代，我们常常被告知要争取成为焦点，要成为最耀眼的那颗星。但是，如果我们暂时放下这种渴望，将聚光灯让给他人，会发生什么呢？这不仅是对他人的一种支持和鼓励，也是对自己角色的一种重新定义。

当我们选择成为配角时，我们实际上是在扮演一个更大的故事中的关键角色。我们提供支持，帮助主角克服困难，有时甚至是他们成功的关键。在某些情况下，配角的角色可能比主角更加复杂和多层次，他们的存在为故事增添了深度和真实感。

成为配角并不意味着自我价值的降低，相反，它是一种力量的展现。它显示了一个人的自信和成熟，能够认识到不是每个场合都需要站在前台。有时候，最大的影响来自幕后，从一个安静的角落，通过微妙的方式影响着整个局势的走向。

在中国的传统文化中，有一种被称为"隐士"的人物，他们淡泊名利，心甘情愿地在幕后支持他人，成就他人。这样的故事在中国历史上比比皆是，其中著名的例子之一，就是诸葛亮和刘备的故事。

在中国历史上，鲜有像诸葛亮和刘备这样的辅佐与领袖关系能够如此深刻地影响后世。他们的故事不仅是关于忠诚与智慧，更是关于个人抱负与集体利益之间的平衡。

刘备，汉末三国时期蜀汉的开国皇帝，以仁德闻名，他的政治抱负是恢复汉室的荣光。然而，他也清楚自己缺乏实现这一目标所需的策略和智慧。这时，诸葛亮的出现，为刘备的梦想注入了可能性。

诸葛亮，三国时期著名的政治家、军事家、文学家、书法家和发明家。他以其卓越的智慧和远见卓识被后世尊为"睿才星君"。在他与刘备的第一次会面中，即展现出了非凡的才能。他不仅提出了远大的战略建议，更表现出了愿意成为刘备背后的智囊和支持者的决心。

诸葛亮的加入，为刘备提供了一个强大的智库。他们之间的关系超越了普通的君臣关系，更像是一种深厚的兄弟情谊。诸葛亮全心全意地辅佐刘备，甚至在刘备去世后，继续支持其子刘禅，坚持完成刘备的遗愿。

诸葛亮的忠诚和奉献精神在他的《出师表》中得到了充分的体现。这份上表不仅是他对刘备的忠诚宣言，也是他对自己职责的深刻认识。他知道自己虽然只是配角，但他的角色对于整个蜀汉的存亡至关重要。

诸葛亮和刘备的故事，是一个永恒的话题，它激励着每一个愿意为了更大的目标而奉献自己的人。在这个故事中，我们看到了真正的领导力和智慧，并理解了在背后支持他人，也是一种伟大的成就。这个故事告诉我们，有时候，成为配角，支持他人，也是一种伟大。

诸葛亮的故事激励着无数人，人活着不仅仅是为了个人的荣耀，而是为了更大的目标和理想。有时候，默默无闻地付出和支持，才是真正的英雄行为。

在今天的社会中，我们仍然可以从刘备和诸葛亮的故事中汲取智慧。无论是在政治、商业还是日常生活中，我们都需要那些愿意做配角，默默支持他人，为了集体的利益而努力的人。这样的配角，往往是成功的关键。

　　在人生的舞台上，不管是主角还是配角，每个角色都有其独特的意义和价值。让我们学会在适当的时候退一步，让对方成为主角，自己心甘情愿地做配角。这样的谦逊和智慧，将使我们的人际关系更加和谐，也会让我们的社会更加温暖。

对方好胜心强，不妨成全他一下

　　隐藏自己的优点，暴露自己的缺点，成全别人的好胜心，不仅可以让别人更加喜欢你，还可以获得良好的人际关系。要做到这一点并不难，只要将那些无伤大雅的小毛病偶尔暴露一下就行了。

　　隐藏自己的优点，暴露自己的缺点，会让人觉得：原来他身上也有这样的小毛病啊！让别人在你身上找到共同点，或者能激发对方的同情心，让其小胜一筹，就再好不过了。这样你们之间的距离感一下子就没有了。

　　然而，在生活中，偏偏有些人不懂得人情世故，不善于隐藏自己的优势，结果遭到别人的不满和嫉妒。

　　唐代诗人刘禹锡，为人直爽，他的名声在当时很大，但他的缺点就是做人不够圆通，因为这个缺点还惹来了很多麻烦。在当时，朝廷有名望的官员在考试前都会收到举子们的得意之作，举子们这样做的目的无非就是想让官员们给自己说几句好话，以提高自己的声誉，这种风俗称为"行卷"。

　　这年到京城赴试的襄阳才子牛僧孺带着自己的得意之作来见刘禹锡，并受到了刘禹锡的热情款待。当得知牛僧孺此行的目的是行卷，刘禹锡便打开牛僧孺的大作，当着他的面就开始修改他的文章，"飞笔涂窜其文"。按照常理来说，身为牛僧孺的前辈的刘禹锡在当时是文坛大家，亲自修改他的文章，对他来说并没有什么坏处。但牛僧孺是个心胸狭窄之人，便因此生恨。后来，刘禹锡在仕途一直郁郁不得志，到牛僧孺成为唐朝宰相时，刘禹锡还做着地方官。

　　一次，刘禹锡与牛僧孺在官道上偶遇，二人便一起投店，喝酒畅谈。就在痛快畅饮之时，牛僧孺写下一首诗，其中两句是"莫嫌恃酒轻言语，憎把文章逼后尘"，借此来表达自己对刘禹锡当年改自己文章的不满。刘禹锡见诗时大惊，方才想起多年前之事，为表悔意，赶紧作诗一首，牛僧孺才解前怨。惊魂未定的刘禹锡对弟子们说："当年的我一心只想栽培后人，怎料适得其反，差点招来祸端。你们要以此为戒，不要好为人师。"

可见，凡事不考虑对方的好胜心，往往会弄得头破血流；但是如果懂得适当示弱，则很容易被对方接受。所以，在为人处世的时候，如果我们能适当地暴露自己的缺点，也许就会成为最后的赢家。

　　每个人都有自尊心和好胜心。重视对方的自尊心，便可以成全对方的好胜心。要让对方知道他的自尊心得到了足够的重视，你就必须将自己的好胜心、优点隐藏起来。表面看来是对方获胜，其实最后还是你赢了。进一步说，如果你能让他完全战胜你，那无疑此时的他已视你为知己了。

　　事实上，隐"优"暴"缺"，成全别人的好胜心，是一种处世的艺术。这样可以使处境不如你的人保持心理平衡，对你放松警惕，从而更有利于交际。

能做事不如会做事，
拿捏准边界最重要

在现代社会中，人们常说"能做事不如会做事"，这句话强调了在处理事务时技巧和策略的重要性。它提醒我们，成功不仅仅取决于我们的能力，还取决于我们如何运用这些能力。

首先，我们必须认识到每个人都有自己的优势和局限性。了解自己的长处可以帮助我们在适当的时机展现自己的才能，而认识到自己的局限性则可以让我们避免在不擅长的领域冒进。这种自我认知是拿捏边界的第一步。

其次，社会互动中的边界不仅仅是个人的界限，还包括与他人的关系。在与人交往时，保持适当的距离，既不过分亲近以免侵犯他人的私人空间，也不过分疏远以至于失去联系，这是一种艺术。这种平衡能够帮助我们建立和维护健康的人际关系。

最后，处世中的边界还体现在我们的职业生涯中。在工作场所，我们需要了解何时应该主动，何时应该保持谨慎。这涉及对组织文化的理解和对同事的尊重。通过观察和学习，我们可以更好地理解何时可以推进自己的想法，何时应该支持他人的领导。

何佳琪是一位年轻的职场女性。她很有上进心，也非常有能力。但她很快意识到，仅仅"能做事"是不够的。在公司，还需要学会"会做事"，这意味着她不仅要完成任务，还要懂得如何与同事和上级有效沟通。

何佳琪面临的第一个挑战是如何处理与一个不好相处的同事的关系。这位同事经常提出无理要求，并试图将自己的工作推卸给何佳琪。起初，何佳琪尝试避免冲突，接受了这些额外的工作。然而，她很快意识到自己越是这样，同事越过分。她知道这不是长久之计。

有一次，当这位同事又以自己有事要提前下班为由，让何佳琪帮她做一个统计分销商人数的表格时，何佳琪委婉地拒绝了，她说："实在不好意思。第一，我手头上自己的工作很多，还没有完成，没时间和精力帮你做这个统计。第二，分销商我都不认识，万一统计出错，岂不是耽误了你的大事。"同事听到何佳琪这么说，也不再好意思把工作推给她。从此，何佳琪工作轻松了不少。

另一个挑战是如何在与上级的互动中保持自己的立场。何佳琪的一个创新想法在一次会议上被上级否定了。她感到沮丧，但没有放弃。她花时间准备了一个详细的提案，其中包括市场分析和预期的投资回报率，并请求再次会见上级。这次，她的提案得到了认可，并获得了实施的机会。

何佳琪的故事展示了在职场中"会做事"的重要性。她学会了如何在维护个人边界和公司利益之间找到平衡。她的故事告诉我们，成功不仅仅是完成任务，更是在复杂的人际网络中找到自己的位置，同时保持专业和尊重。

这个故事强调了在职场中拿捏准边界的重要性。拿捏准确的边界是一种综合能力，它需要我们对自己、对他人以及对社会有深刻的理解。它不是一种具体的方法，而是一种智慧，一种在复杂的人际关系和社会结构中导航的能力。通过不断的学习和实践，我们可以更好地掌握这种能力，从而在各种情境中游刃有余。

莫要时刻想着彰显自己

"越是喜欢被别人夸奖的人，越是没什么本领的人。"这是欧洲的一句格言。换而言之就是："本领高强的人，是不需要夸奖的。"

"有本事要让别人去说"，这是我们中国人常说的一句话。凡是有所成就的人是不喜欢自吹自擂的，因为"群众的眼睛是雪亮的"。

老子在《道德经》中提道："不自见故明，不自是故彰，不自伐故有功，不自矜故长。夫唯不争，故天下莫能与之争，古之所谓曲则全者，岂虚言哉！诚全而归之。"老子抓住老祖宗传统文化的原则，指出做人处世与自利利人之道——"曲则全"。为人处世，善于运用巧妙的曲线，只此一转，便事事大吉了。是的，凡事不要刻意，越是直接地表现，有时越达不到效果，越是想彰显自己的美名，往往美名越得不到流传。

美国南北战争时期，格兰特将军率领的北军与罗伯特·李将军率领的南军发生了一场十分激烈的血战，此仗以南军失败而告终，作为败军之将，李将军被送往爱浦麦特城接受审问并签了降约。

作为胜利的一方，格兰特将军在立了大功后并没有居功自傲。相反，他总是很谦恭地说："李将军是我十分敬佩的人。

虽然他战败了，但是他的神情十分镇定。像我这样的矮个子，跟他那威猛高大的身材比起来实在是有些相形见绌，他在被擒时仍穿着全新的、完整的军服，腰间还佩着政府奖给他的名贵宝剑，而我当时却只穿了一套普通士兵穿的服装，只是衣服上比普通士兵多了一条代表中将官衔的条纹罢了。"

相比自吹自擂，显然格兰特将军这番谦虚的讲话让人听起来舒服得多。唯有对自己的成就产生疑问的人，才爱在别人面前吹嘘自己，这样的吹嘘就是为了给猜疑打掩护。一个真正成功的人是不会在别人面前吹嘘自我的，因为你的成绩、你的成功是大家有目共睹的事实。

格兰特将军的一席话中不但透露出对李将军态度的赞美之情，而且也没有轻视他的战绩之意。在格兰特看来，自己的成功和李将军的失败是很多因素综合作用的结果。他说："这次胜负也是机缘巧合之作，当时，南方军队在弗吉尼亚，几乎天天遇到阴雨天气，他们迫于无奈只能在雨中作战。我们的军队遭遇的情况却截然相反，我们所到之处几乎每天都是好天气，这对行军是非常有利的，更巧的是，有许多地方在我军离开一两天后才下起雨来，这说明我们足够幸运！"

格兰特把那场决定彼此命运的大胜仗归功于天气和命运，这充分显示了他是个有自知之明的人，他的头脑是很清醒的，所以他能做到自始至终都没有被名利的欲念所埋没。有人说："越是不喜欢接受别人赞誉的人，越是表示他知道自己的成功是微不足道的。"

如果你常为取得小小的成就而得意忘形，那么你终有一天会走上失败的道路。实际上，我们百分之九十的成功往往不是因为有多么努力，而是掺杂着不少机遇的成分在里边，我们应该清醒地认识到这些机遇的存在，这样才不至于在没有机遇降临的时候不知道该如何面对复杂的外部环境。

学会藏拙，
大智若愚才是边界感的高境界

在人际交往中，"学会藏拙，大智若愚"这句话蕴含了深刻的智慧。它告诉我们，有时候，隐藏自己的才能和智慧，保持谦逊和低调，反而是一种高级的社交艺术和自我保护。

在中国古代，这种做法被视为一种美德，称为"藏拙"。它意味着一个人不会轻易展示自己的才华，而是选择适当的时机和环境。这种行为不是出于虚伪，而是出于对形势的精准把握，以及对环境的敏锐洞察。

"大智若愚"则进一步强调了这种行为背后的智慧。它意味着一个人可能拥有卓越的才智，却选择以平常心对待，不张扬，不炫耀。这样的人懂得何时该进何时该退，何时该显何时该隐，从而在复杂的人际网络中游刃有余。

这种高境界的边界感，实际上是一种对自我价值和他人尊重的平衡。它要求我们在自信与谦逊之间找到平衡点，在展示与隐藏之间找到合适的界限。这不仅能够帮助我们避免不必要的冲突和误解，还能够让我们在适当的时候给人惊喜，展现自己真正的能力。

说到刘备的大智若愚，我们不得不提《三国演义》中的一个著名的场景，即"煮酒论英雄"。在这个故事中，曹操邀请刘备共饮，并询问他对天下英雄的看法。当曹操自诩为天下英雄时，刘备故作惊讶，不慎落箸，表现出对曹操的敬畏。这个举动使得曹操对他的警惕心降低，从而为刘备日后的行动赢得了时间和空间。

另一个例子是"三让徐州"的故事。当徐州牧陶谦病重时，他三次将徐州交给刘备，刘备却三次谦让不接受。这种谦逊的态度赢得了人们的尊敬和信任，也体现了刘备的大智若愚。他知道直接接受会引起其他势力的猜忌和攻击，因此他选择了更加稳妥的方式，最终还是以民心所向接受了徐州。

这些故事展示了刘备的智慧和策略，他懂得如何在复杂的政治局势中保持自己的立场，同时也懂得如何隐藏自己的锋芒，以达到最终的成功。这种大智若愚的行为，不仅在古代，即使放在今天，也仍然是非常值得学习的智慧。

总之，"学会藏拙，大智若愚"是一种生活智慧，也是一种社交艺术。它教会我们如何在复杂多变的社会环境中，保持个人魅力和影响力，同时也保护自己不受伤害。这是一种值得我们学习和实践的高级境界。

争论赢得了辩题，失去了朋友

在人际交往中，争论有时似乎不可避免。我们可能会发现自己在激烈的讨论中总是试图证明自己的观点是正确的。然而，当胜利成为唯一目标时，我们可能会忽视更重要的东西——人与人之间的关系。

赢得争论，失去朋友，这句话提醒我们，辩论的胜利可能会以牺牲人际关系为代价。在追求胜利的过程中，我们可能会说出伤人的话，或者以一种不尊重对方的方式来表达自己的观点。这样的行为虽然可能在短期内让我们感到满足，但从长期来看，可能导致朋友的流失，甚至破坏了原本和谐的关系。

在讨论和辩论中，我们应该寻求的不仅仅是证明自己的观点，更重要的是保持开放的态度，倾听对方的意见，并尝试理解对方的立场。通过这种方式，我们不仅能够保持和增进友谊，还能够从不同的角度学习和成长。

李华和王明是多年的好朋友，也是学校辩论队的主力队员。他们因为共同的兴趣和相似的价值观而结下了深厚的友谊。然而，在一次重要的辩论比赛中，他们被分配到了对立的辩论小组。

辩题是关于是否应该取消大学的学费。李华支持取消学费，认为这将使教育更加公平和普及。而王明则反对，他认为学费是保证教育质量和资源分配的重要因素。辩论开始了，双方都展示了自己的辩证才华和深厚的知识储备。

随着辩论的进行，气氛变得越来越紧张。李华和王明都非常想赢得这场辩论，他们开始使用更加激烈的言辞来攻击对方的观点。李华最后更是拿王明个人私生活的事来作为攻击点。最终，李华凭借出色的逻辑推理和有力的证据赢得了辩论。观众的掌声和赞誉让他感到无比自豪。

然而，当他转身寻找王明时，却发现王明早已离开了。在接下来的几天里，王明开始回避李华，他们之间的交流变得冷淡和尴尬。李华意识到，尽管他赢得了辩论，但他可能失去了更宝贵的东西——王明的友谊。

这个故事提醒我们，沟通和辩论不仅仅是为了赢得胜利，更重要的是要保持尊重和理解。赢得辩论的满足感是短暂的，但朋友的价值是无法用胜利来衡量的。我们应该学会在表达自己的观点时，也考虑他人的感受和立场，避免因一时的胜利而失去长久的友谊。在任何辩论中，我们都应该追求的是真理和进步，而不是个人的荣耀。

这个案例展示了在追求个人信念和胜利的同时，我们也应该珍视和维护人际关系的重要性。

真正的胜利不在于辩论中的高下，而在于我们是否能够在保持自己观点的同时，也尊重和理解他人。在日常讨论中也应当如此，这样，即使意见不合，我们也能够共同努力，以一种建设性的方式来解决分歧，而不是让争论成为友谊的绊脚石。正如非暴力沟通所倡导的，沟通的艺术在于连接而非分离，在于理解而非征服。

多想他人"好"的一面，忘却"不好"的一面

在人际关系的维护中，我们常常被告知要看到他人的优点，而忽略他们的缺点。这种观念源于一种深层的信念：通过积极的视角来看待他人，我们可以营造出更和谐的社会环境。

当我们专注于他人的优点时，我们实际上是在选择性地过滤信息。这种积极的过滤有助于我们建立起对他人的正面印象。例如，当我们赞赏同事的勤奋和专业时，我们更愿意与他们合作，这有助于工作环境的和谐。在社交场合，当我们注意到朋友的幽默感和善良时，我们更容易与他们建立起深厚的友谊。

然而，如果我们完全忽视了他人的缺点，可能会导致我们对他人的了解不够全面。在某些情况下，这种做法可能会使我们忽视潜在的问题，比如不诚实或不可靠的行为。在极端情况下，这种"美化"他人的做法甚至可能使我们容忍不公正或不道德的行为。

真正的挑战在于找到一个平衡点。我们应该学会欣赏他人的优点，同时也不忽视他们的缺点。这并不意味着我们要对他人的缺点持批判态度，而是要有意识地认识到每个人都是一个复杂的个体，他们的行为和性格是由多种因素构成的。通过这种平衡的视角，我们可以更加真实地与他人相处，同时也能够为他人提供真诚的反馈和支持。

在评价他人时，我们应该努力做到公正和全面。我们可以选择性地记住他人的优点，以此来促进积极的人际关系，但同时也不能完全忽视他人的缺点。通过这种方式，我们不仅能够维护和谐的社会关系，还能够帮助他人成长，同时也能促进自己的个人发展。在这个过程中，我们可能会发现，真正的人际智慧并不在于单纯的美化或批判，而在于我们如何平衡地看待他人的整体形象。

　　林婉儿是一个被人称为"阳光"的女孩，因为她总是能看到人们最好的一面。她有着一种特别的天赋，能够发现每个人身上的闪光点，即使是那些被社会忽视的人。

　　一个周末，林婉儿去逛跳蚤市场。在市场上，有一个被大家避开的老人，他因为长期的生活打击变得孤僻和暴躁。人们都说他脾气坏，不好接近。但林婉儿却用不同的眼光看待他。她注意到老人在摆摊时的细心，他对待每一件物品都如同珍宝。林婉儿开始与他交谈，了解到老人曾是一位有才华的木工师傅，只是岁月和命运没有善待他。

　　林婉儿决定帮助这位老人。她通过社交媒体分享了他的故事和手工艺品的照片，很快，老人的摊位前开始聚集了越来越多的人。他们不仅被他的手艺吸引，也被他背后的故事感动。老人的生意变好了，他的态度也慢慢变得温和。他很感谢林婉儿，因为她看到了别人没看到的他的"好"。

林婉儿的故事告诉我们，每个人都有值得被赞赏的品质，即使是那些看似"不好"的人。如果我们能像林婉儿一样，多关注他人的优点，我们的世界将会更加和谐美好。这个故事也提醒我们，每个人都有自己的故事，了解和尊重这些故事，就是对他人最基本的善意。

我们不要总念念不忘于别人的"不好"，而是应该更多地想到别人的"好"。这不仅能使我们的生活变得和谐，对我们事业的发展同样非常重要。

自己不喜欢做的事，
不要加在别人身上

　　孟子告诉我们，处理父子、君臣、夫妇、长幼、朋友关系的原则是有亲、有义、有别、有叙、有信。那又如何来处理与这些人之外的其他人的关系呢？依儒家思想来说，把"孝悌"这种爱人精神向外"推"，即推己及人才是处理这些关系的原则。

　　什么叫"推"呢？用孔子的话说就是"能近取譬"，意思就是将心比心，譬如"己所不欲，勿施于人""己欲立而立人，己欲达而达人"。这种精神、这种态度被孔子视为"恕"，属于"仁"的形态范畴，这和"孝""忠"一样。

　　而到了孟子这里，则阐述得更加透彻。孟子对齐宣王说："尊敬自己的长辈，从而推广到尊敬别人的长辈；爱护自己的小孩，从而推广到爱护别人的小孩。只要这样，治理天下就变得很简单了。《诗经》说：'先给妻子做表率，然后推及于兄弟，从而推广到封邑国家。'说的无非是把这种好心思推广到别的方面罢了。所以，四海之内因推广恩惠而得到安抚，不推广恩惠就连亲人也安抚不了。圣贤超过别人的原因，就是善于推广他们的善行罢了。"对于孟子的见解，南怀瑾先生认为，这就是孔子所说的那种推己及人的恕道。

　　推己及人的恕道，用我们现代人的观点理解，就是自己不喜欢做的事，不要加在别人身上，多做换位思考，多一些理解和宽恕。这可视为待人处世的基本修养，如能做到这一点，就可以建立良好的人际关系。

战国时，梁国与楚国互为邻国，两个国家都在边界线上设立了界亭，亭卒们也都在各自的地界里种下了西瓜。

梁国的亭卒很勤劳，西瓜种下之后，他们经常锄草、浇水、施肥，所以瓜秧也在他们的悉心照料下长得很好，而楚亭的亭卒则相反，他们个个都很懒，自从种下去后基本上就没怎么管过。所以他们地里的瓜秧长得又瘦又稀，与对面瓜田的长势简直没得比。楚亭的人觉得很没面子，于是，在一个夜黑风高的晚上，偷偷地到梁亭的地里将瓜秧全给扯断了。

第二天，梁亭的人发现后，感到十分气愤，于是马上将这一情况告诉县令宋就，并说要过去扯断楚亭的瓜秧作为报复！宋就说："他们的行为确实很不道德，可是，我们想想，咱们自己的瓜秧不愿意被别人扯断，那为什么还要学习他们这种无耻行径呢？如果我们这样做，就显得我们太狭隘了。现在照我的吩咐去做，从今天起，每晚悄悄给他们的瓜秧浇水，让他们的瓜秧长得更好一点，千万不能让他们知道。"梁亭的人就遵照县令的吩咐去做了。

过了些日子，楚亭的人发现他们的瓜秧长势比以前好了很多，但是有被人浇过水的痕迹，为瓜秧浇水的事情分明是梁亭的人干的。亭卒们把这事儿告诉了楚国的边县县令，县令感到十分惭愧，又十分敬佩，于是把这件事告诉了楚王。楚王闻知此事后，也被梁国人的大度所感动，于是送给梁王重礼，不仅仅是酬谢梁王，还有自责之意，后来，梁楚两国成了友邦。

从这个故事中我们不难发现，用推己及人的方式处理问题往往会收到事半功倍的效果。如此一来，既表现出不计前嫌的大度，同时也使双方的胸怀变得更为宽广而又深具仁爱。再来看看我们日常生活中一些事情的处理，又何尝不是这样呢？

对于涉世尚浅的青年人来说，由于经历得少，对一切都是茫然无知，总是处处小心翼翼，左顾右盼地想找一个参照物来规范和约束自己，这种反应其实是很正常的，殊不知，有时这样处世，反而会导致初衷与自己想要的结果差异巨大。因为在每个人的眼里，自己的位置都是有一定的差异的，并没有所谓的统一的标准可以供你参考。所以，不妨试试以"己所不欲，勿施于人"的原则，反求诸己，推己及人，这样一来，往往会得到皆大欢喜的结果。

人生在世就是活个人情味儿，懂得顺人情、驾人意的人，才是生活中的真正强者。生活中，我们应当学会换位思考，从而及时修正各种各样的复杂关系。

第四章

职场边界感：
明白职场门道才不会四处惹祸

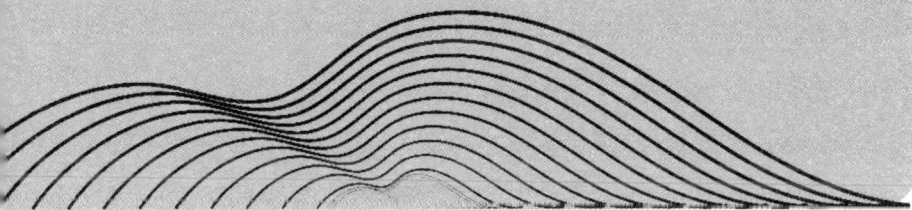

称呼有门道，
有礼的称呼最能拉近距离

在职场中，称呼是一种重要的沟通方式，它不仅反映了一个人的社交技巧，也体现了对他人的尊重和礼貌。一个得体的称呼，可以在无形中拉近人与人之间的距离，增进相互之间的理解和信任。在中国的职场文化中，称呼尤其讲究，它往往包含了丰富的文化内涵和社会层次感。

首先，职场中的称呼通常以正式和尊敬为原则。例如，使用"经理""总监"等称谓，可以显示出对对方职位的认可和尊重。在一些传统行业或国有企业，还会使用"老师""师父"等带有师承关系的称呼，表达对长辈或资深同事的敬意。

其次，随着职场环境的国际化，一些外来的称呼方式也被广泛接受。比如，直呼名字的方式在国际化公司中较为常见，这种方式强调平等和亲切，但在使用时仍需考虑对方的文化背景和个人偏好。

此外，随着社交媒体和网络通信的普及，一些非正式的称呼也逐渐进入了职场，如"小王""老李"等昵称，这些称呼在同事间的私下交流中更为常见，有助于营造轻松友好的工作氛围。

然而，职场中的称呼并非一成不变，它会随着社会文化的发展和个人关系的变化而调整。在实际应用中，选择合适的称呼需要观察和学习，了解行业习惯、企业文化以及同事之间的互动方式。

总的来说，职场中的称呼是一门艺术，它需要智慧和细心。一个合适的称呼，不仅能够展现个人的专业形象，还能够促进职场关系的和谐发展。在日常工作中，我们应该注重称呼的选择和使用，以此来表达我们的尊重和友好，建立起积极的职场人际关系。

曾坤刚参加工作，在见到同事的时候总老师长、老师短地去求教，大家对他的这个称呼并不在意，没过多久，他就和周围的同事混熟了。

但曾坤发现，并不是所有人都适用于这个称呼。每当他称呼一位姓吴的同事"吴老师"时，对方总是会皱起眉，对他也爱答不理的。曾坤很是纳闷，自己并没有什么地方得罪他啊！后来经过侧面打听，曾坤才明白原来老吴不管是在学历上还是工资待遇上都不如自己，至今还是一个普通的办事员。因此在听到曾坤称呼他为老师的时候，认为曾坤是在故意讽刺他，所以心里大为恼火。

可见，在不明白情况的时候，千万不要乱称呼，比如当我们在面对公司里的女同事时，不要张口就"大姐""阿姨"地乱叫。对于女性来说，永远希望自己是年轻的，如果我们在称呼上把她叫"老"了，换来白眼是小事，若在工作上不配合，那么我们就要遭殃了。

现如今，每个企业都有其自身的文化，而同事间的称呼也是企业文化的一个代表。企业中相互间的称呼，往往与企业的管理风格有着密切联系。若是不懂得这层企业文化，无法熟练掌握得体的称呼，在企业中就会举步维艰。

例如，很多外企，尤其是欧美的企业，同事或上下级之间都是习惯直呼其英文名，并没有职务的区别。如果你称呼其职务，反而会显得格格不入。因此如果你是在这样的企业工作，那么最主要的就是先给自己取个英文名字。

在那些基本上由学者创办的企业里面，比如报社、电视台、文艺团体、文化馆等，则喜欢用"老师"这个称呼。这些单位普遍文化气息浓重，而"老师"这个称呼最能体现一个人的学识和尊重，因此最为合适。

在国企或政府部门中，最好以行政职务来称呼。例如李局长、张社长、刘书记等。

而当不在办公室中，在私下的聚会中，则应该显得更加亲密随便一些。年长的可以在姓后面加个"哥"或者"姐"。但有时也需要注意分寸，别引起对方的反感。

职场最讲边界感，
进入职场就别再以"童言无忌"为幌

在职场这个成熟且专业的环境中，每一句话都可能影响到个人的职业形象和人际关系。童言无忌的意思是孩童天真无邪，说话没有忌讳，所以他们的话语往往不受约束。然而，在职场中，这样的无忌言语是不允许存在的。每个人都需要谨慎地选择自己的言辞，因为不恰当的言语可能会带来不必要的误解和冲突。

言语是沟通的桥梁，也是人际关系的润滑剂。在职场中，恰当的言语能够帮助我们更好地表达自己的观点，赢得同事的尊重和信任。反之，轻率的言语则可能破坏团队的和谐，甚至影响个人的职业发展。

职场中的沟通需要遵循一定的边界。这些边界不仅包括对公司政策和职业道德的遵守，还包括对同事个人隐私和情感的尊重。超越了这些边界的言语，即使是出于好意，也可能造成不良后果。

选择合适的言语，不仅要考虑内容的准确性，还要考虑表达方式的得体性。在职场中，我们应该避免使用带有歧视、侮辱或者过于随意的言语。相反，我们应该使用正面、鼓励和建设性的言语，以促进职场的积极氛围。

总结而言，职场中的言语需要谨慎和考虑周全。它不仅关系到个人的形象和职业生涯，还关系到整个工作团队的氛围和效率。因此，我们每个人都应该成为一个负责任的沟通者，用我们的言语去建立一个更加和谐和富有成效的职场环境。这样的沟通艺术，是每个职场人都应该学习和实践的技能。

邢强是一家知名科技公司新入职的软件工程师。他总是充满热情和创意。他在大学时期就以直言不讳著称，并且常常能够提出一些富有洞察力的想法。然而，进入职场后，他发现这种直率的沟通方式并不总是被欣赏。

一次，邢强在团队会议上直接指出了一个项目中的设计缺陷，这个设计是由团队的资深成员张伟提出的。邢强的直言引起了张伟的不悦，因为他觉得自己的经验和地位没有得到尊重。尽管邢强的意见是建设性的，但他的表达方式缺乏对张伟的感受的考虑。

这次事件后，邢强的团队领导找他谈话，指出他需要在表达自己的观点时更加注意方式方法。领导强调，在职场中，尊重他人和维护良好的工作关系同样重要。邢强意识到，他需要学习如何在保持真诚的同时，也考虑到职场的沟通策略和边界感。

通过这次经历，邢强开始改变他的沟通方式，他学会了在提出批评或建议之前先肯定他人的努力，他也学会了在适当的时机和场合表达自己的想法。他的同事开始更加欣赏他的专业能力和团队精神，而他与张伟的关系也逐渐改善。

这个故事告诉我们，职场中的沟通不仅仅是信息的传递，更是一种艺术，需要我们在尊重他人的基础上，灵活运用沟通技巧。边界感的培养不仅有助于个人的职业成长，也有助于营造一个和谐的工作环境。职场新人应该意识到，"童言无忌"的态度可能在学校中受到鼓励，但在职场中则需要更加审慎和成熟的沟通方式。通过不断学习和实践，我们可以成为更加专业和受人尊敬的职场人。

职场边界感的培养是一个长期且细致的过程。它需要我们在实践中不断学习和调整。只有这样，我们才能在职场中游刃有余，成为一个受人尊重的职业人。

与异性同事交谈，边界感至关重要

在职场上，我们经常需要与异性交流工作，有些人因为恐惧在与异性的沟通中会被传出流言蜚语，因而避免与异性沟通。这其实是完全没有必要的，只要把握好与异性同事之间的距离即可。虽然说距离是一种物理现象，但在社交中更是一门学问。在小小的办公空间里，它影响着人与人之间的互动，制约着同事之间复杂而又微妙的关系。

现如今的社会，早已经没有了古代"男女授受不亲"的思想。企业中男女之间的工作交流频繁是很正常的事。工作时你不可能不和异性共事，若是你过分抵触，将无法在如今的企业中生存。但若是在工作中，与异性过于亲密，则会引起不必要的麻烦。因此，工作中如何掌握两性共事的分寸感，就显得至关重要。

雯雯是策划部的一名员工，最近因为跟一位新来的同事走得太近，一些关于他们俩的流言蜚语就在办公室里流传了起来。当雯雯去洗手间的时候，听到其他部门的几个同事正在议论自己。下班后，经常和自己一起走的晓宇也不等她了，常常意有所指地说："先走了，不耽误你……"雯雯觉得自己快要疯掉了，她不明白为什么会传出这样的流言蜚语。

终于有一天，她抓住晓宇一定要问个明白。经过晓宇的解释，雯雯明白了自己在什么地方做错了。

新来的同事是个责任心很强又细心的人，前一段时间因为工作很忙，雯雯和他常常一起加班。刚开始两人的配合并不融洽，经常为意见不一致而争论不休。但渐渐地，两个人找到了默契。经过一个月的磨合，他们工作起来已经能配合得轻松自如了。可雯雯认为这只是正常的工作关系，大家没有必要误会，她百思不得其解。

晓宇说："你想想看，每天是不是人家在帮你收拾桌面，倒好热茶，那份关心谁看不见啊？还有，上次你从外地出差回来，给所有人带的都是小饰品，但唯独给人家带的是他最喜欢的画册，这难道还不明显吗？还有……"晓宇举的每一个例子都非常有"分量"。

一语惊醒梦中人。其实收拾桌面、倒茶是他们商量好的，谁先来谁做，可雯雯偏偏是个卡着点上班的人；而那本画册也是因为在加班的时候对方提起过，雯雯认为送他很正常，其他人又没有什么特别的喜好，众口难调，买一样的最省事。雯雯没有想到，自己的一念之差，居然造就了这样一段"绯闻"故事。

在职场中，与异性同事保持适当的界限是建立健康职场文化的基石。通过展现出良好的界限感，不仅可以促进更高效的工作交流，还能够保护个人和团队的福祉。每个人都应该意识到自己的行为如何影响周围的人，并努力营造一个安全、尊重和包容的工作环境。

职场之中懂收敛，
老前辈面前要谦虚

"不听老人言，吃亏在眼前。"这是人们常常挂在嘴边的一句老话。总有一些初涉职场的年轻人心高气傲、自命不凡，任何人的建议都听不进去。他们常常轻视一些"老前辈"，认为自己比那些"老前辈"聪明，而"老前辈"的思维则显得古板和老土。其实，很多"老人言"毕竟是从生活中来，经历了时间的洗礼，是凝聚了智慧的。它也是老人一辈子积攒的经验，是真理的方向，是做事的捷径。而在职场中不听"老人言"还可能将自己置于寸步难行的境地。

毕业于某名牌大学的郑强，初入社会就被一家大型国有单位聘用。他在刚进单位时就发现上到主管下至科员，都不是科班出身，都未正规地学过企划专业，而只有自己是科班出身。

一开始工作，他就用一系列高效率、高质量、高创意的"企划"，给了所有人一个下马威。由于受到主管重用，面对那些在单位工作很多年的前辈，郑强压根儿没把他们放在眼里。而且，他还整天给老职员提意见，今天说他们那套方案太旧了，明天说他们那些想法太过时了。慢慢地，不再有人愿意跟他接触，他反而听到了不少的闲言闲语，说他的"企划"没有一点儿实用价值，都只是纸上谈兵，不能按照他的"企划"安排工作，否则会影响企业的声誉。这些流言不久就传到了更高级别的领导那里，于是领导找他谈话，告诉他要多跟有经验的前辈学习。而郑强固执地认为自己的"企划"没问题，也很有实用价值，不但不虚心接受，反而和一些前辈争执起来。冲突过后，工作中他更受排挤。最终，由于一直不得志，他只好辞了工作，另谋出路了。

在一定程度上，前辈是一个公司的历史，对公司有着极其重要的作用，所以不要随便得罪前辈。新人毕竟是新人，郑强的失误就是没有摆正自己的位置。其实如果能取得前辈的信任，你能从他们那里学到很多东西。因为他们经验丰富、老成持重、遇事冷静，所以他们能帮你分析事情的利弊，告诉你很多办事的捷径，让你少走很多的弯路。

职场中，我们必须认识到，尽管技能和知识是职场成功的关键，但经验和智慧同样宝贵。老前辈们可能在某些领域的技能不如年轻一代，但他们的经验、洞察力和职场智慧是无价之宝。他们见证了行业的变迁，理解了组织的文化，知道如何在复杂的人际关系中游刃有余。因此，即使在技能上超越了他们，我们也应该保持谦虚，尊重他们的贡献和经验。

而且，谦虚是建立和维护职场关系的基石。当我们对老前辈表现出尊重和谦逊时，我们不仅赢得了他们的尊重，也为自己树立了良好的职业形象。这种态度有助于营造一个积极的工作环境，让同事们愿意分享知识，相互支持，共同成长。

谦虚也能使我们保持开放和学习的心态。在职场中，没有人是全知全能的。我们每个人都有自己的强项和弱点。通过谦虚地接受老前辈的指导和建议，我们可以学习到新的技能，拓宽视野，提高解决问题的能力。这种持续的学习和自我提升是职业发展的关键。

谦虚还是一种领导力的体现。领导者不仅要有能力指导团队，还要能够倾听和尊重每个成员的意见。当我们展现出对老前辈的谦虚时，我们也在展示我们的领导潜质，这对于职业晋升非常重要。

　　职场中的谦虚不是软弱，而是一种力量。它体现了个人的成熟和专业，有助于建立良好的人际关系，促进个人和团队的成长。因此，无论我们的能力如何，都应该以谦虚的态度对待每一位前辈，这将使我们在职场中走得更远。

交心要明白边界在哪儿，
并非每个同事都能推心置腹

　　职场是一个多元化的环境，每个人都带着不同的背景、经历和期望进入这个共同的空间。在这样的环境中，建立起真诚而又适度的人际关系是至关重要的。这种关系建立在相互尊重和理解的基础上，而不是所有的细节都需要公开。

　　并非每个同事都能成为倾诉心事的对象。有些同事可能因为工作关系而与你变得亲近，但这并不意味着他们已经准备好成为你的知己。辨识那些能够真正理解和支持你的同事，需要时间和观察。这样的同事通常是那些在你遇到困难时愿意伸出援手的人。

　　在职场中，保持一定的职业边界是非常重要的。这意味着在分享个人信息时要有所保留，尤其是那些可能影响到你职业形象或者给他人带来负担的信息。职业边界的维护有助于保护个人隐私，同时也能够避免不必要的职场纠纷。

　　健康的沟通模式是职场关系中不可或缺的一部分。这包括了解如何表达自己的需求和感受，同时也包括了解如何倾听他人。在这个过程中，明白沟通的边界在哪里，知道什么时候该说什么，什么时候不该说，是非常重要的。

张华是一个乐于助人的人，总是愿意倾听同事的问题，并提供帮助。他相信团队合作和互相支持是成功的关键。然而，他很快发现，并非所有同事都有着相同的价值观。有一次，他与同事王乐分享了一些个人的职业抱负，希望能得到一些建议。王乐似乎很关心，但不久之后，张华发现王乐在其他同事面前讨论了他的抱负，这让他感觉遭受了背叛。

这件事让张华意识到，在职场上，他需要更加谨慎地选择信任的对象。他开始更加注重保护自己的隐私，同时也学会了如何识别那些真正愿意帮助他的同事。他没有完全关闭与同事的交流，但他学会了如何在分享和保留之间找到平衡。

通过这次经历，张华学到了一个宝贵的教训：在职场上，建立信任是一个渐进的过程，需要时间和经验来判断谁是真正的盟友。他也意识到，保持一定的职业边界对于个人的职业发展和心理健康都是至关重要的。

这个故事提醒我们，虽然开放和信任对于建立强大的团队至关重要，但同样重要的是认识到并非每个人都值得信任。在职场上，学会划定边界，并在适当的时候分享适当的信息，是一项重要的职业技能。

我们需要明白，职场是一个多元化的环境，每个人都有自己的价值观、工作方式和生活背景。这种多样性要求我们在交往时要有敏感性，要彼此尊重。例如，有些人可能更倾向于保持私人生活的隐私，而不愿意在工作中分享太多个人信息。因此，尊重同事的隐私和选择是建立信任的基础。

同时，职场中的交流应该以专业和工作相关的话题为主。这不仅有助于维持专业形象，也有助于避免可能的误解和冲突。当然，这并不意味着不能在工作之余进行轻松的交谈，但重要的是要识别何时该回到正题。

总之，职场中的交心是一门艺术，需要我们在亲密和距离之间找到平衡点。通过尊重彼此的边界，我们可以建立一个既友好又专业的工作环境，促进个人和团队的成长。在这样的环境中，每个人都能感到被尊重和价值认可，这是任何成功组织的基石。

同事无礼的要求，学会灵活拒绝

身在职场，我们总会遇到同事们的求助。毕竟作为一个团队的成员，只有互相协作、互相扶持，才能成就最后的成功。然而，帮助也是要讲究原则的，如果同事向你提出的要求已经远远超出了正常的范围，那么，我们就应该坚定地说"NO"。

当然，没有人喜欢被拒绝，所以对同事说"NO"，我们一定要注意说话的灵活性，切不可因为简单粗暴的"NO"，反而伤害了彼此之间的关系，给工作带来不必要的麻烦。

小林是单位里的骨干，因为能力过硬，因此很受领导的器重，也被很多同事佩服。这一天，小林正在办公室里忙，这时财务科的小郑走进办公室，说："小林，我下午有事要走开一会儿，你能帮我盯一会儿吗？应该没有什么事情的，如果有，也只是一个小财务报表，我把具体填写方法都给你罗列好了，你看能帮个忙吗？"

按理说，小林是技术人员，对财务知识并不是非常了解，所以客气地拒绝本来也是合理的，谁知智商过人却情商一般的小林却这么回绝了小郑："这怎么可能？你怎么能把你的工作让我来做？就算会，我也不能帮你做的。你要记得，我是技术人员，又不是你们财务人员！"

事实上，小郑也知道自己的要求有些过分，所以他并不抱有小林同意的期望，如果小林婉言拒绝，他就再找其他同事。但谁知，小林却用这样一种态度和自己说话，于是小郑不免也生气起来："不帮就不帮，何苦说话这么难听？不要觉得自己是技术人员，就可以对别人吆五喝六！"

说完，小郑气呼呼地摔门走了。从这以后，他总是有事儿没事儿地找小林的麻烦。毕竟，小郑在财务部门，各个部门的一些财务申请和手续都由他经手，所以到了小林需要办理财务方面的手续时，他就会百般刁难，让小林苦不堪言。不得已，小林只好私下单独找小郑请罪道歉。虽然最终小郑接受了歉意，但对小林的看法一直没有特别好转，小林也只好将苦水往自己肚子里咽。

智商过人，情商不高，如小林这样的人，在职场上还有很多。他们有着不错的职业操守，却没有足够的人际交往能力，回绝同事时总是生硬、乏味，因此尽管能力突出却人缘不佳，在单位中总是不能收获良好的口碑。

守住自己的边界是好，但是如小林这般"只有原则没有技巧"的回绝方式，同样是职场的大忌。轻者，与同事之间的关系不佳，导致在未来合作中磕磕绊绊；重者，和同事成为敌对的关系，结果因为各种各样的原因被对方孤立，让自己很难在企业中立足。

那么身在职场，我们应该如何回应同事的要求，如何做到合理拒绝呢？首先一个原则，就是先倾听，再拒绝。例如，当同事提出要求时，证明他们内心有了一定的困扰，这时候，我们首先应该先去倾听，了解对方的内心，给予对方被尊重的感受。

例如案例中的小林，如果他可以让小郑继续说，比如是什么样的报表、离开工作岗位的时间会有多长，然后表示理解他的难处，最后再说出自己的难处——并不擅长财务报表、自己还有比较重要的工作要忙，这就会给对方带来心灵上的抚慰和理解。并且，如果你愿意倾听完毕，还可以在拒绝的同时提出一些建议，这样同事不仅不会生气，反而还会对你充满感激。

　　总之，学会拒绝是一种重要的职场生存技能。它不仅能够帮助我们避免不必要的压力和冲突，还能够帮助我们在职场中建立起更加积极和健康的人际关系。在日常工作中，我们应该不断学习和实践如何有效地沟通和拒绝，以便在保持专业和礼貌的同时，也能够维护自己的权益。

职场之中，同事的隐私少打听

　　在快节奏、高效率的现代职场环境中，团队合作成了成功的关键。然而，团队合作并不意味着个人隐私的边界应该被模糊。实际上，尊重同事的隐私是建立信任、促进团队协作的基础。

　　首先，理解隐私的重要性至关重要。隐私不仅关乎个人信息的保护，更关乎个人的自由和安全感。当员工感到自己的个人空间受到尊重时，他们更有可能感到满意和安全，从而更愿意在工作中投入。

　　其次，尊重隐私有助于创建一个更加包容的工作环境。这样的环境鼓励员工分享想法和意见，而不必担心个人信息被滥用。这种开放和信任的氛围可以激发员工的创新精神和创造力，为公司带来更大的成功。

　　然而，尊重隐私并不意味着完全地隔离。在必要时，适当的信息共享对于完成工作任务和目标是必要的。关键是找到平衡点，确保信息的共享既满足工作需求，又不侵犯个人隐私。

　　最后，企业和管理层应该采取措施保护员工的隐私。这包括制定明确的隐私政策，提供培训，以及实施技术和程序上的保护措施。员工也应该被教育，了解如何保护自己和同事的隐私。

　　李强是一家知名科技公司的项目经理，他领导着一个多元化的团队。他的团队成员之一——王莉，是一位非常出色的程序员，但最近她的表现欠佳。

有一天，李强注意到王莉的办公桌上有一张医院的预约单。他开始担心王莉的健康，也担心是否会因此影响项目进度，但他也知道，如果直接询问可能会让王莉感到不舒服。

在周会上，李强提醒团队成员，如果他们有任何需要帮助的地方，可以随时找他谈谈。会后，王莉找到了李强，她告诉他，她最近确实在处理一些健康问题，这可能会影响她的工作表现。

李强表示理解，并提出了一些灵活工作的解决方案，比如远程工作或调整工作时间。他还强调，王莉的健康是最重要的，公司会支持她。

李强的体贴和支持让王莉能够更好地管理自己的健康状况，同时继续为团队做出贡献。王莉对此十分感激。其他团队成员也注意到了李强的行为，他们更加尊重彼此的隐私，并在团队中建立了更强的信任感。

李强明白职场和生活的区别，明白每个人都有各自的隐私，因此，当他看到王莉桌上的医院的预约单后，也没有直接询问她的隐私，通过提供支持而不是打听，让王莉感受到了上司的温暖。在职场中，唯有这样的领导，才可以建立起一个健康和生产力更高的工作环境。

职场中的隐私是一个重要的话题，值得我们每个人认真对待。通过维护同事的隐私，我们不仅保护了他们的权利，也展现了我们的专业素养和人格魅力。让我们一起努力，营造一个尊重隐私的职场环境吧。

领导的错误，用不着你当众指出

在指出上司的错误时，直接给上司扣个"你错了"的大帽子，其结局往往是悲惨或者是不尽人意的。

在当今社会，掌握你升职、加薪甚至是职场的"生杀大权"的都是你的上司。在面对上司错误的决策或者是不经意出现的过失时，不分场合、不讲究说话方式地直接指出，可能会让你"吃不了，兜着走"。

比如经理由于没有深入分析销售数据，做了错误的决策，使公司产生了损失。在补救大会的讨论上，你当着大家的面直言不讳地讲都是经理的决策失误，都怪经理。在他的心中就会对你埋下仇恨的种子，没准儿哪天找个理由就会把你踢出去。

再比如在年度总结大会的讲话上，副总将合作单位的数量由 34 个误念成了 43 个，你发现了副总的错误，快人快语地高声给予纠正，搞得副总脸上很没面子，事后他肯定不会对你有好印象，更别提给你升职加薪了。

人力资源部的小杨入职已经五年了，在工作上他能干又努力，做事情认真负责。但是让人不解的是尽管他工作出色，可职位上仍旧是人资部主管，一直没有升职。

一次，老板跟人力资源部、市场部，以及后勤部的中层管理开会讨论重新招聘几个新的销售业务员。

"我决定在市场部再招聘10名销售人员，并且学历要在本科以上，工资2500元加提成。市场部和后勤部的人员协助人资小杨共同负责招聘工作！"老板一上来就说出了自己的决定。

"可是现在是淡季，我们没必要招聘这么多新的业务员呀！"还没等其他部门的中层管理说话，小杨就快人快语地提出了自己的意见。

"嗯，也许，但我要为接下来的旺季做准备。"老板回答道。

"根据我往年的经验，即使是旺季来临，我们也没必要招这么多新人。而且招销售业务员的话，没有必要必须是本科毕业。学历高的，不一定会跑业务；且学历高的工资要求肯定就高，底薪2500元肯定没有吸引力！"小杨接着反驳道。

"以往的经验不代表今年也会像往常那样，而且本科学历拿2000元钱工资的人社会上也不是没有。怎么，小杨，你工作上有什么问题吗？"

"不是，我就是觉得我们没必要招这么多人，而且条件又这么严苛……"

"现在离旺季还有一段时间，我已经拿定主意了。如果你没法完成这项工作的话，我可以找别人来做！"不等小杨说完，老板就怒气冲冲地下达了命令。

小杨不注意与老板的沟通方式，自以为经验多，在老板面前指手画脚，才会惹得老板不高兴。

在你"不留情面"地跟老板唱反调时，老板的内心潜台词应该是"我让你怎么做，你就怎么做，哪来那么多废话"。

其实，老板的心里肯定非常清楚你以往的做法。所以当你在面对新的决策时，就不要再拿以往的那一套理论来企图"教训"他。即使是他现有的决策出现纰漏，也轮不到你来指导。因为在老板的心里，员工就是要在决策下达的前期，绝对地服从！假如老板真的出现了什么失误，他也一定会在后期实行的过程中予以改正。要知道，老板今天能坐在那个位置上，一定不是偶然的，一定有他自己的"两把刷子"。

事实上，任何事物都有其内在的潜规则，现代社会更要讲究团队效率。作为一个老板，他更要树立起自己的威信。如果因他不慎做了错误决定，或者是说错了什么话，你就直接对他予以指责，无疑是对他权威的巨大挑战。不仅会影响团队的凝聚力，而且会让他很没面子。即使是一个度量很大的上司也无法忍受你的这种挑衅。

有句话说得好："做事不由东，累死也无功。"生活中有的人就因情商低，虽然工作非常努力，却备受上司的冷落，郁郁不得志，甚至遭遇降薪、离职。而有的人情商很高，能够因为会说话而受到上司的关注，很快脱颖而出。其中的差别正是由于他们对待上司——这个掌握自己命运的人——犯错时做出的反应不同。前者眼里揉不得沙子，总是直接不留情面地指出上司做得不对或者不好的地方；后者则会审时度势，注意说话的方式，在配合上司的同时，又能让彼此的利益最大化。

因此，一个懂得边界感的人，会知道跟上司沟通时，一定不要把"你错了"直接扣在上司的头上。

做懂事的下属，不去抢领导的风头

有一个笑话，说的是几大令人哭笑不得的"傻行为"：领导夹菜你转桌，领导发言你唠嗑，领导报听你自摸，领导开门你上车……

虽然是笑话，但一针见血地指出，抢上司的风头，破坏上司的好情绪，确实是一种很愚蠢的举动。曹操雄才大略，乐于卖弄自己的聪明，喜欢听取众人的赞誉，可是自命不凡的杨修却一口截穿"一盒酥""门中'活'字"之类玄妙的西洋镜，数次夺了曹操的风头，不给曹操面子，最后被曹操以"鸡肋"事件为借口杀掉了。

同理，在职场上，不仅不能和上司唱反调，而且不能抢上司的风头。上司风光了，情绪自然就好，情绪好了，你的好运也就来了。如果你自命不凡或者自作聪明，就很可能破坏老板的好情绪，给自己带来不良的后果。有时候，如果你发现自己表现得非常出色，却惹得上司突然对你很冷淡，你可能会百思不得其解。其实，这很可能是因为你一不留神抢了上司的风头，破坏了他的好情绪，因此触犯了职场的潜规则。

在一家国际公司的中国分部，有一个名叫汪佳佳的年轻员工。他聪明、勤奋，总是能迅速完成任务，并且常常提出创新的想法。同时，汪佳佳也非常明白团队合作的重要性，知道如何在不抢领导风头的情况下展现自己的能力。

汪佳佳的团队负责一个重要项目，项目的成功对公司来说至关重要。针对这个项目，汪佳佳想到了一个创新的解决方案，这个方案有可能会大大提高工作的效率。但他也意识到，如果直接在会议上提出，可能会让他的领导感到措手不及，甚至可能引起领导的不满。

于是，汪佳佳选择了一个更为谨慎的方式。他先私下里与领导进行了沟通，详细地解释了他的想法，并强调这是团队合作的结果。他还提出愿意在领导的指导下进一步完善这个方案。领导对汪佳佳的想法印象深刻，并决定在下一次会议上正式提出这个方案。

会议当天，领导详细介绍了汪佳佳的方案，并特别提到这是汪佳佳的功劳。团队成员对方案给予了高度评价，项目最终也因为这个方案而取得了巨大成功。汪佳佳不仅赢得了同事的尊重，也得到了领导的认可和信任。

这个故事展示了汪佳佳如何在保持谦逊的同时，能有效地展现自己的价值。他的行为不仅促进了团队的和谐，也为自己的职业发展铺平了道路。

在职场中，做一个懂事的下属是一种良好的职业素养。这不仅意味着要尊重领导的权威和地位，更是一种对团队和组织目标的贡献。一个懂事的下属能够在不抢领导风头的情况下，展现自己的能力和价值。

首先，懂事的下属会深刻理解自己的角色和职责。他们知道如何在领导的指导下工作，同时也能独立完成任务。他们会在适当的时候提出建设性的意见，而不是盲目地追随或者挑战领导的决策。

其次，懂事的下属懂得如何有效地沟通。他们会选择合适的时机和方式，向领导汇报工作进展，分享成功经验，或者提出工作中遇到的问题。

他们不会在公开场合质疑领导的权威，也不会在背后说领导的坏话。

再次，懂事的下属会通过自己的努力和成绩来赢得领导和同事的尊重。他们不需要通过抢占领导的风头来证明自己的价值。他们的工作表现和职业态度，会自然而然地吸引他人的注意。

最后，懂事的下属也会关注自己的职业发展。他们会利用工作经验和机会来提升自己的技能和知识。他们知道，只有不断地学习和进步，才能在职场中站稳脚跟，甚至有朝一日成为领导。

总之，做一个懂事的下属，是一种对自己、对领导、对团队负责的表现。这样不仅能够为组织带来正面的影响，也能为自己的职业生涯铺平道路。

第五章

管理边界感：
尊重每一个员工

尊重员工个人空间，
建立健康的工作关系

在现代职场中，领导与员工之间的关系不再是单向的权威与服从，而是基于相互尊重和信任的合作伙伴关系。领导者的角色已经从传统的命令与控制转变为激励与支持。在这种新的工作环境中，领导者必须学会建立和维护与员工之间的适当边界，这对于建立健康的工作关系至关重要。

首先，领导者需要认识到每个员工都是一个独立的个体，拥有自己的思想、情感和生活。在工作中，领导者应该尊重员工的个人空间，这意味着在适当的时候给予员工足够的自由度，让他们能够以自己的方式完成工作。这种尊重不仅体现在物理空间上，更重要的是在心理和情感上。领导者应该避免过度干涉员工的私人生活，除非员工主动分享。

其次，领导者应该意识到，建立健康的工作关系不仅仅是为了提高工作效率，更是为了员工的长期发展。员工在一个尊重和信任的环境中工作时，更容易感到满足和忠诚。这种满足感不仅来自工作本身，还来自他们作为团队的一部分的归属感。领导者通过维护适当的边界，可以帮助员工感到自己的贡献被重视，同时也保护他们免受不必要的压力和干扰。

最后，领导者在建立边界的同时，也需要展现出开放和包容的态度。这意味着领导者应该愿意倾听员工的意见和需求，尊重他们的专业判断和个人选择。当员工知道自己的声音被听到，他们的专业能力被信任时，他们更愿意承担责任，积极参与到团队的工作中来。

李女士是一家国际公司的 CEO，有十年的管理经验。她深知，一个团队的成功不仅仅取决于技术和创新，更在于团队成员之间的相互尊重和支持。然而，随着公司的快速发展，工作压力也随之增大，员工们开始感到疲惫和压抑。

李女士注意到了这一点，并决定采取行动。她首先组织了一系列的团队建设活动，旨在增强团队成员之间的沟通和理解。然后，她开始实施一系列政策，鼓励员工在遇到问题时能够直接与她沟通。最重要的是，她制定了一项新的政策，明确界定了工作时间和私人时间，确保员工在下班后可以完全放松，不必担心工作的干扰。

这些改变很快就显示出了效果。员工们感到自己被尊重和重视，工作积极性大大提高。他们开始主动寻找解决问题的方法，而不是被动等待命令。团队的创新能力和生产效率都有了显著的提升。李女士的做法不仅提高了员工的满意度，也为公司带来了更大的利润和市场竞争力。

这个案例告诉我们，领导者的角色不仅是指挥和决策，更是激励和支持。通过建立清晰的边界，尊重员工的个人空间，领导者可以培养出一个更加健康、高效和创新的团队。这样的领导风格，无疑会成为未来职场发展的趋势。

领导者与员工之间的边界感是一种微妙的平衡。领导者通过尊重员工的个人空间和专业能力，建立起健康的工作关系，不仅能够提升员工的工作满意度和效率，还能够促进整个团队的和谐与发展。这种边界感的建立，虽然没有固定的方法，但它要求领导者具备高度的自我意识和对人性的深刻理解。在日常的互动中，领导者的每一个决策和行为都应该反映出对这种边界感的尊重和维护。

批评有界限，顾及员工的脸面

在职场中，批评是一种不可避免的沟通形式。它是领导者用来指出问题、纠正错误和促进员工成长的工具。然而，批评的方式和语气对员工的心理和工作表现有着深远的影响。因此，领导者在批评员工时，必须有界限，要顾及员工的尊严和脸面。

在一个理想的工作环境中，批评不应该是一种惩罚或羞辱的手段，而应该是一种促进个人和团队发展的建设性对话。领导者在批评时，应该关注行为和结果，而不是个人属性。这种方式可以帮助员工理解问题所在，而不会感到自己作为个人受到攻击。

一家化学研究公司的经理对员工很苛刻，向来喜欢借题发挥，显示自己的威严和高高在上。他只要抓住了别人的失误，就不会轻易放过，尤其喜欢给新员工"下马威"。

一次，他安排一位新来的研究员联系一家客户，并要求该员工上交一份客户市场调查报告。经过一周的实地调查和对客户经理的访问，这位新人完成了一份资料翔实的报告。可喜的是，通过这位新人的沟通，这家客户表现出了合作意向，就等着最后敲定签署协议的时间和地点了。可是经理还是抓住了报告中的"小辫子"。

"看看你写的报告，竟然还有这么明显的一个错别字，我一眼就看出来了！"经理生气地把报告拍在新员工的桌子上，"你怎么能犯这么低级的错误呢？小学生都不会这样写！"

劈头盖脸的一顿责备和斥骂让新员工无地自容。其他同事都看着他呢！本来就是新人，以后怎么立足呢？也太没面子了吧？经理还在骂……

忍一忍，这样想着，新员工鼓起勇气说："对不起，是我太匆忙了，不过这份报告应该很有价值……"

"价值？你还是先把错别字解决了再来和我谈价值吧！我想象不出你这样的水平能创造什么价值。"也许是看到下属并没有完全被自己征服，经理的责骂又升级了。

新员工忍无可忍，甩下一句话："等着瞧我创造价值吧，不过不是为你！"新员工辞职了，进了另一家公司，两周后，他谈妥了一大笔生意，正是用了那份"有低级错误"的报告。

领导者在批评过程中，应该保持冷静和客观，避免情绪化的言辞。即使面对重大错误，也应该用事实和数据来支持自己的观点，而不是借机发泄个人情绪。这样的批评更容易被接受，也更有可能激发员工改进工作的动力。

此外，领导者应该在私下进行批评，而不是在公开场合。这样做可以维护员工的脸面，避免他们在同事面前感到尴尬或被羞辱。在私下的对话中，员工更容易放开心扉，接受批评，并讨论改进的方法。

领导者还应该意识到，批评后的支持和鼓励同样重要。在指出问题之后，领导者应该表达对员工改进的信心，提供必要的资源和帮助。这种积极的后续行动可以帮助员工从错误中学习，而不是沉浸在失败的情绪中。

总之，领导者在批评员工时，应该有界限，顾及员工的感受和尊严。

这种批评方式不仅能够促进员工的个人成长，还能够维护团队的和谐与尊重。通过这样的互动，领导者和员工之间可以建立起基于信任和支持的关系，共同推动组织的发展。

嫉妒要有边界，
否则只会让人才损失严重

在现代企业管理中，管理者的情绪和行为对组织的人才保留有着深远的影响。嫉妒，作为一种普遍存在的负面情绪，当管理者无法妥善处理时，往往会导致不良后果。尤其是在人才密集型的行业，管理者的嫉妒可能会造成人才的大量流失，这对于任何组织来说都是一个严重的挑战。

嫉妒的根源往往来自对他人能力或成就的羡慕和不满。在职场中，管理者面对下属的卓越表现或是快速发展时，如果不能积极地认识和调整自己的心态，就可能产生嫉妒心理。这种心理如果得不到有效的管理和调节，可能会通过管理者的决策和行为，影响到整个团队的氛围和动力。

说起世界上著名的企业管理者嫉妒方面的案例，福特汽车公司的董事长亨利·福特恐怕是最典型的了。众所周知，他一手导演了著名的"艾柯卡事件"……

1978年7月13日，有"野马之父，汽车之父"之称的艾柯卡像往常一样来到迪尔本的福特公司总部上班，但是当他走进办公室的时候，迎接他的是一纸被辞退的命令。艾柯卡在福特公司工作了32年，从一个小职员一步一步做起，凭借着过人的才华和优秀的管理能力，最终当上了福特汽车公司的总裁，而且在总裁位子上一坐就是8年。艾柯卡怎么都没想到自己会以这样的方式离开为之努力奋斗了一辈子的福特汽车公司。

事实上，艾柯卡离开福特公司的原因并不是他的管理出现了多么大的问题，而是因为他的管理工作做得太好了——董事长福特实在看不惯艾柯卡，因为艾柯卡在公司的管理业绩比他这个董事长要好很多，这让一直自认为伟大的福特感到非常不快。在20世纪60年代，艾柯卡就和公司的工程师们一起夜以继日地设计新车，最终成功推出了年轻人非常喜欢的"野马汽车"。之后，艾柯卡又成功推出了"侯爵""美洲豹"和"马克3型"等高级轿车系列，这直接让已经濒临破产的福特汽车公司迅速起死回生，而且还登上了全美第二大汽车公司的宝座，仅次于通用汽车公司。当时，福特对艾柯卡嫉妒到了极点，凡是和艾柯卡关系比较好的员工，不管是高层管理者还是中层管理者，都一律开除。一个一直对艾柯卡比较崇拜的普通员工，在艾柯卡离开之后给其邮寄了一束鲜花，结果这件事情传到福特的耳朵之后，福特立刻辞退了这个他连长什么样子都不知道的普通员工。这就是著名的"艾柯卡事件"的始末。

在被福特辞退之时，艾柯卡已经54岁了——这是一个非常尴尬的年龄，创业的话时间有点不够，退休的话又感觉自己还能工作几年，所以艾柯卡非常迷茫和痛苦。就在这个时候，已经濒临倒闭的克莱斯勒公司聘请艾柯卡为总裁。于是，艾柯卡再一次回到了自己喜欢的汽车行业。

令福特做梦都没有想到的是，已经被自己击败的克莱斯勒公司竟然聘请了那个自己非常嫉妒的艾柯卡，更令他想不到的是，艾柯卡率领的克莱斯勒公司很快就成了福特公司最强有力的竞争对手，并最终使福特汽车公司让出了很大的市场份额，同时也让出了美国第二大汽车生产商的宝座。可以说，这一切都是因为董事长福特的嫉妒造成的。

企业管理者的嫉妒会导致人才流失，而人才流失的后果是多方面的。首先，它会直接影响到组织的业务执行和创新能力。优秀人才往往是团队中的核心力量，他们的离开会使团队失去重要的知识和经验。其次，频繁的人才更替会增加组织的招聘和培训成本，降低工作效率。最后，人才的流失还可能导致客户和市场信心的下降，影响组织的长期发展和品牌形象。

因此，如何在组织内部建立一个健康的管理文化和氛围，是每一个管理者需要深思的问题。管理者应该意识到，他们的情绪和行为不仅影响自己，更影响着团队成员的心态和组织的未来。通过提升自我意识，培养积极的心态，以及建立公平公正的管理制度，管理者可以为人才的成长和留存创造一个更加有利的环境。

正面临界点：给予及时反馈

在一个充满活力的团队中，领导的反馈像是指南针，指引员工前进的方向。当领导不提供必要的反馈时，员工往往会感到迷茫和不确定。他们可能会问自己："我做得对吗？我在这个团队中是否真的重要？"没有反馈，员工就无法得知自己的工作是否符合预期，也无法识别和把握成长和改进的机会。

领导不给员工及时反馈，不仅影响员工的个人发展，还可能成为团队绩效的隐形杀手。员工在工作中寻求成就感和认同感，而这些正是通过领导的反馈而来。当这种反馈缺失时，员工的积极性和创造力可能会受到抑制，团队的整体绩效也会因此受到影响。

领导与员工之间的信任是建立在开放和诚实沟通的基础上的。当领导不愿意提供反馈时，这种信任可能会受到损害。员工可能会感到被忽视或不被重视，这会导致信任的缺口，进而影响团队的凝聚力和合作精神。

王亮是一家外贸公司的新员工，刚进入公司，李经理就让他负责客户调查。王亮工作了一个多星期，任务总算完成了。但当他把调查资料交给李经理后，李经理却变了脸色，大声说："王亮，你这客户调查怎么做的啊？这儿有好几处不合格的地方，还有那儿，你没有看过相关的工作说明吗？"

王亮感到十分委屈，说："可是李经理，我第一天刚做的时候就拿着我做的调查问您来着，您那时候也没跟我说啊，只是让我先做着。"

"算了，现在赶紧拿去修改修改，该补的补进去，不然就赶不上进度了。"

王亮无奈，只能回去加班。

上述案例中，管理者李经理没有意识到及时对员工，尤其是新员工的工作给予反馈的重要性，从而导致新员工王亮辛辛苦苦做出来的客户调查资料不合格，最后只能加班重做。

领导的反馈对于员工的工作认知和团队绩效至关重要。它不仅是一种沟通工具，更是激发员工潜力、建立信任和提升团队绩效的关键。领导应该认识到及时反馈的重要性，并采取措施确保员工能够获得他们所需的指导和认可。这样，每个员工都能在明确的方向指引下，为团队的成功贡献自己的力量。

领导的艺术，在授权中找到边界

在一个充满活力的市场环境中，企业需要快速响应变化，这要求团队能够灵活地做出决策。领导者如果能够有效地授权，就能够释放团队的潜力，让每个成员都能够在自己的岗位上发挥最大的作用。授权意味着信任，领导者通过信任员工，赋予他们决策的权力，从而激发他们的积极性和创造力。

然而，授权并不意味着放任。领导者在授权的同时，需要明确期望和目标，确保团队成员在正确的轨道上前进。这需要领导者具备强大的沟通能力，能够将组织的愿景和目标传达给每一个团队成员。同时，领导者也需要具备一定的洞察力，能够识别团队成员的潜力和限制，以便在适当的时候提供支持和指导。

授权的过程中，领导者也会面临自我挑战。他们需要克服对失去控制的恐惧，学会信任团队的判断和能力。这不仅是对团队成员的信任，也是对自己领导能力的信任。领导者通过授权，实际上是在培养团队的独立性和自我管理能力，这对于团队的长期发展至关重要。

在授权的艺术中，领导者的边界体现在他们如何平衡介入和放手。领导者需要识别何时应该介入指导，何时应该退后一步，让团队自主行动。这种平衡的实现，不仅能够促进团队的成长，还能够帮助领导者更好地专注于战略层面的决策。

> 美国投资大师乔治·索罗斯是一个敢于大胆授权的管理者，他能意识到放权的重要性完全缘于一次惨痛的教训。有一次，他出差归来，刚进办公室没多久，秘书就抱着一大摞文件来找他签字，他翻看了几份文件后，就气愤地说："这些都是很重要的文件，已经积压了几天，为什么不让部门经理签字实行？耽误了几天的时间，会让公司蒙受巨大的损失。"
>
> 听了乔治·索罗斯的话，秘书感到非常委屈，说："当初你规定要亲自过目每一份文件，所以部门经理才不敢签字啊。"
>
> 听了秘书的话，乔治·索罗斯才想起自己确实是在不久前的会议上说过这样的话，他懊恼地摇摇头，紧急召开部门经理会议，向所有人宣布："除非碰到你们没有办法解决的事情，否则不要耽误我打球的时间。"从那以后，乔治·索罗斯再也见不到积压很久的文件了。

乔治·索罗斯的经历教会我们，领导的艺术不仅在于授权，更在于找到授权的合适边界。这个案例展示了如何通过经验教训调整管理策略，以提高效率和团队自主性。

授权是一种领导的艺术，它要求领导者在信任和指导之间找到一个平衡点。通过授权，领导者不仅能够提升团队的能力，还能够为组织的未来发展打下坚实的基础。领导者的边界在于认识到自己的角色和责任，以及如何通过授权来实现组织的愿景和目标。这是一种成熟的领导方式，能够带领企业在不断变化的市场中保持竞争力和活力。

决策有魄力，当机立断不婆妈

认准的事，就要当机立断，不要怕出错而拖延，不要非求皆大欢喜。因为世界上没有十全十美的事情，所以只需追求主体目标的实现即可。这也是管理者在决策时应该遵循的原则。然而，并不是所有的管理者都能够做到这样，有些管理者便会事事小心、犹豫不决，从而使得良好的机遇从身边逝去。

关于企业管理者因为魄力不够而导致企业遭受损失，这里有一个故事：

> 里奇西奥多在洛杉矶郊外经营一家资产高达一亿多美元的工厂。但这个工厂并不是他自己一手打拼出来的，而是继承了外祖父的产业。里奇西奥多是一个生性比较温和的人，他从小到大都很少和人发生争执，即便与人发生争执，也总是以他的退让而宣告结束。因此，在里奇西奥多继承产业的时候，他的外祖父就多次告诫他要有魄力，在经营企业的过程中需要温和，但是不需要软弱，所以你的魄力决定你的事业高度。对于祖父的叮嘱，里奇西奥多虽认真地聆听了，但没有认真地去执行，这就为他的企业后来遭受巨大的损失埋下了"导火索"。

在继承了外祖父的工厂之后，因为并没有管理企业的丰富经验，里奇西奥多就主要依靠外祖父的得力副手阿瑞萨叔叔来管理企业——里奇西奥多就像一个学徒一样跟着阿瑞萨叔叔学习如何管理企业。由于里奇西奥多生性较为温和，再加上他对阿瑞萨叔叔非常信任，所以在经营工厂的时候总是按照阿瑞萨叔叔的话去做。久而久之，阿瑞萨叔叔就对年轻的里奇西奥多产生了轻视感，他觉得这个年轻人一无是处，根本不配拥有这个企业。就这样，阿瑞萨叔叔变得骄横起来，工厂内很多重要的决策他根本不和里奇西奥多商量就自己决定。

　　对于阿瑞萨叔叔的骄横态度，里奇西奥多不但没有多说什么，反而总是一味地退让。他心想：阿瑞萨叔叔是跟着外祖父一起打拼的老员工，而且有着丰富的管理经验，我不能去管理他，也不能开除他。正是在里奇西奥多的这种软弱态度的放任之下，阿瑞萨叔叔变得越来越肆无忌惮。由于阿瑞萨叔叔也有一定的股份，因此他的决策总是牺牲大股东利益而偏向中小股东的利益，这就使得里奇西奥多的股份开始遭到稀释。就在这种情况下，里奇西奥多的几个朋友都建议他将阿瑞萨叔叔赶出管理层，可是他就是下不了决心。而就在里奇西奥多犹豫不决的时候，阿瑞萨叔叔趁着他不注意将公司的采购业务全部交给了另一家公司，而且签了十年的采购合同——那家供货公司就是阿瑞萨叔叔的妹妹组建的一个公司。此时，里奇西奥多才下定决心将阿瑞萨叔叔清理出了管理层。可是为时已晚，这份有猫腻的采购合同导致工厂每年要损失近 500 万美元，十年就是 5000 万美元。由于这份合同完全符合法律规范，管理层也没有办法，不得不履行。

里奇西奥多的经历表明，领导者需要在温和与果断之间找到平衡。

他的故事展示了当领导者缺乏决策魄力时，可能会被他人利用，甚至损害企业的长远利益。

领导的艺术在于能够及时做出决策，并在必要时采取行动。一个领导者应该有能力识别何时需要介入，何时应该信任团队。里奇西奥多的犹豫不决和缺乏魄力，使得他未能及时纠正阿瑞萨叔叔的一次次越界行为，最终导致了不利的后果。

领导者必须具备在关键时刻做出果断决策的能力。这不仅涉及对企业运营的理解，还包括对人性的洞察。

"官威"有边界，
摆谱只会让员工反感

　　在组织中，领导者的权威是必要的，它确保了决策的执行和组织的有序运作。然而，权威的边界在哪里？当领导者开始"摆谱"，只是为了展示自己的权力，而不是为了更好地服务团队和组织时，员工的反感和抵触就会产生。

　　"官威"是一个复杂的概念，它涉及领导者的地位、权力和影响力。在某些文化中，官威可能被看作是正面的，是领导者权力的象征。但在现代组织中，过度强调官威往往会导致沟通障碍，阻碍创新和团队合作。

　　领导者应该意识到，真正的权威来自他们的行为、决策的质量以及他们对团队的支持。员工对领导者的尊重不应该是因为他们的职位，而应是因为他们的能力和对团队的贡献。领导者的目标应该是激励和赋能员工，而不是通过摆设权威来控制他们。

　　历史上，许多成功的领导者都是那些能够平衡权威和谦逊的人。他们明白，领导不仅仅是指挥和控制，更是关于启发和引导。他们通过自己的榜样来树立标准，通过倾听和理解来赢得员工的信任和尊重。

　　美国女企业家玫琳凯在长期的管理实践中发现，管理者和员工相处，最重要的一点就是放下官架子，以平等、关爱的态度对待他们，大家像朋友一样相处。这样，员工会以更杰出的工作业绩回报上级。

玫琳凯认为，关心员工与公司赚钱这二者并不矛盾。她说："的确，我们是以赚钱为主，不过赚钱并不代表高于一切。在我看来，P（Profit：利润）与L（Loss：损失）的意义不仅仅是盈亏关系，它还意味着人（People）与爱（Love）。"

玫琳凯总是在工作、生活和相互交往上表现出对员工的这种关心与爱护，例如在对员工错误的善意批评上。玫琳凯说："我认为，经常批评人的做法并不妥当。不是说不应当提出批评。有时，管理者必须明确表达出对某事的不满，但是一定要明确错在何处，而不是错在何人。如果有人做错事时经理不表明态度，那么这个管理者也确实过于'厚道'了；不过，经理在提出批评时，千万不要摆出盛气凌人的'官架子'，否则结果就可能会适得其反了。"

玫琳凯还认为，一个管理者应当做到当某人出错时，既指出错误，又能保护员工的自尊心。她说："每当有人走进我的办公室，我总是创造出一种易于交换意见的气氛。这一点很重要，只要我越过有形屏障——办公桌，那么创造这种气氛则易如反掌。我的办公桌象征着权力，它向坐在一旁的来人表明，我有权指示他应该如何如何。所以我总是越过那个有形的屏障，以朋友和同事而不是以领导者的身份与人交谈。因此，我们同坐在一张舒适的沙发上，在比较轻松的氛围中研究工作、解决问题。有时我还同来人握手拥抱，这样做能使坚冰消融，能使对方无拘无束。"

在谈到与员工相处时，玫琳凯说："我认为，领导同自己的员工保持亲密的关系是正确的；相反，如果经理同自己的员工总是保持雇主与雇员的关系，那是反常的。后者无助于最大限度地提高生产率，还会起到坏的作用。"

"当然，这并不是要求管理者一味地放低身段，凡事都有度，有时候也必须强硬和直言不讳。如果某人的工作总是不能让人满意，你必须要表明自己的看法，绝不能绕过这个问题。不过你必须保持既关心，又严格的表达方式。换句话说，你必须既起到管理的监督作用，必要时能够采取严格的行动，同时又必须对该员工表示你的爱和同情，如此才能使他们愿意接近你。"

工作中，玫琳凯就从不摆"官架子"，更不会随意地呵斥员工，在她的许多雇员眼里，她就像是慈母一样。他们认为，玫琳凯是十分关心他们的人，他们对她非常信任。甚至她的雇员会对她说："我妈去世好几年了，我现在就把你当作妈妈……"每当听到这种话，玫琳凯就感到十分光荣和自豪。

一个没有官威的领导，更容易接触到团队的真实想法和建议。他们不会因为层级的高低而忽视任何一个声音，这样的领导能够更好地理解员工，发现问题，促进企业的发展。

放下官威并不意味着失去权威，而是一种更高层次的自信和自我控制。领导者通过这种方式展示了他们的开放性和包容性，这对于建立一个积极向上的工作环境至关重要。

一个真正的领导者，应该是一个能够激励和引导团队向前的人。他们知道如何放低姿态，以身作则，这样才能真正地获得员工的尊重和忠诚。

分清公私界限，
员工的私生活轮不到你插手

在快节奏、高效率的职场环境中，领导者和员工之间的关系管理变得尤为重要。一个明确的原则是：尊重个人的私生活。这不仅是出于对个人隐私的基本尊重，也是为了维护职场的专业性和边界清晰。

公私分明的原则告诉我们，尽管团队成员之间可能会建立起友好的关系，但领导者应避免过度介入员工的个人事务。这种自我约束有助于防止潜在的利益冲突，保护员工的个人空间，同时也维护了领导者的权威和专业形象。

在职场中，每个人都有自己的生活轨迹和私人问题。领导者应该认识到，员工的私生活对他们的工作表现有着不可忽视的影响。然而，这并不意味着领导者有权干涉或评判员工的私生活。相反，领导者应当提供支持和理解，为员工创造一个既能专注工作又能平衡个人生活的环境。

尊重员工的私生活也是一种信任的表达。信任员工能够自我管理，能够在工作和生活之间找到平衡点。当员工感受到这种信任时，他们往往会更加投入工作，因为他们知道自己被尊重和认可。

何落是一家公司的部门经理，是一个工作狂，总是希望团队能够达到最高效率。然而，他有时会过度介入团队成员的私生活，比如询问他们的家庭状况、假期计划甚至健康问题。虽然他的初衷是为了更好地了解员工，以便提供支持，但这种行为却让员工感到不舒服和重重压力。

小张就经历了这样的情况。小张的母亲生病了，他需要请假照顾她。何落不仅询问了小张母亲的病情细节，还建议了一些治疗方案。当小张没有按照何落的治疗方案实行时，何落又开始责备小张，说他不懂事，没把母亲当回事，没给母亲最好的治疗。何落这种过界的行为，让小张感到自己的私生活被侵犯，对何落的建议不仅没有感激，还特别反感。

事情的转机发生在公司的年度培训会议上，当讨论到员工福利和工作环境时，小张鼓起勇气分享了自己的感受。他解释说，尽管他理解何落的好意，但他更希望自己的私生活能得到尊重。何落听后深受触动，意识到自己的行为已经越界。

从那以后，何落开始改变管理方式。他不再询问员工的私生活细节，而是提供一个更加开放和支持的环境，让员工在需要时自己来分享。他还为团队引入了一系列新的隐私政策和边界尊重的培训课程。

这个故事告诉我们，作为管理者，应该意识到每个员工都有自己的私生活和界限。尊重这些界限不仅能够保护员工的个人隐私，还能够让员工对管理层产生信任，从而营造一个更加健康和生产力更高的工作环境。分清公私界限，是每位管理者都应该学习和实践的重要课题。

总的来说，领导者应该意识到，在职场中，尊重员工的私生活是一种必要的专业行为。通过维护这一原则，不仅能够促进员工的幸福感和忠诚度，还能够提升团队的整体表现和公司的文化氛围。

第六章

家庭边界感：
再亲密的人也需要独立的空间

相爱再多，也需要彼此尊重

　　婚姻质量上升到更高层面就是对对方价值的重视。美国著名婚姻问题专家温格·朱利写的幸福婚姻法则有两个经典的定律。一是太太定律：第一条，太太永远没有错；第二条，假如她错了，请参照第一条执行。二是孩子定律：第一条，孩子永远是孩子，丈夫也是孩子；第二条，当你觉得丈夫的行为让你不满时，请读三遍第一条。

　　"所有的事情都可顺着你，你可以不听取我的意见，但是你一定要重视我的付出和劳动"，这可能是很多人的心声。

　　　叶莉最近有了一个惊人的发现：忠厚老实的丈夫竟然有了外遇！

　　　最近一个多月，丈夫的行为的确有点鬼鬼祟祟：每天晚上很晚才回家，回家了什么家务也不干，却直喊累；双休日一大早就出去"加班"，可是月底发工资，却交不出"加班工资"。为此，叶莉很气愤，丈夫支支吾吾，无法自圆其说。更令人愤慨的是，昨天晚上，叶莉竟然在丈夫的裤兜里发现了一块粉红色的手帕——这就是丈夫有外遇的证据！

　　　在叶莉的"威逼"下，丈夫终于坦白了他的"外遇"经过。

原来，在家里，叶莉总是以家长的身份和口吻斥责丈夫没出息，不会挣大钱，丈夫深感自卑。一个月前，丈夫的单位组织职工做义工，献爱心，丈夫因此走进了一户单亲贫困家庭，女主人是盲人，孩子8岁，患有小儿麻痹症。叶莉的丈夫在他们家干了一下午的大扫除，那对孤儿寡母对好心大哥的帮助感激不尽，这让他感受到了一个男人的自信。因此，他开始热爱这个"萍水相逢"的家，没事时他就喜欢往这个"家"里跑。他拿着钉锤、老虎钳在那个破旧不堪的家里修修补补，即使他只是擦擦玻璃、扫一扫地，那个盲妇和坐在轮椅上的男孩也会对他表示深深的谢意。这更激发了他爱"家"的热情。昨天下午，他在为他们修理橱柜时，不小心钉子扎进了手，他大叫一声，那个盲女人忙将手帕递给他，他止住了血后，随手将手帕揣进兜里……

原来如此！此情不关风与月，只关乎一个人的尊严与价值。

有很多与价值认可相对的词，比如，不屑、轻蔑等，它们都具有杀伤力，但很多人却常常在不经意间用这把最锋利的刀子伤害了"同一个战壕里的战友"。

在《中国式离婚》这部电视剧中，林晓枫总是要求宋建平辞职去合资医院的工作，宋建平则总是以各种理由来推脱。因此，林晓枫对宋建平有了看法，言语间总是透着一股轻蔑的味道。

　　林晓枫：我算是看透你了！

　　宋建平：看透我什么？看透好啊！看透我这人清心寡欲，淡泊名利？

　　林晓枫：哼，美得你！清心寡欲，淡泊名利！叫你出趟国你高兴得都不知道东南西北了。还淡泊名利？弄错词儿了吧？你这叫胸无大志！

　　宋建平：行，对对对，胸无大志也行。昏庸无能，不思进取，你把所有这样的词都给我，又能怎么着呢？

林晓枫：我能怎么着你啊？我一个小老百姓能怎么着你这么一个宋一刀啊！

宋建平：你这人说话怎么这么酸啊现在？

林晓枫：真奇怪当初怎么看上你了？

宋建平：后悔了？后悔可以，离啊！去圆你的梦，找那个高飞去吧！

林晓枫轻蔑地瞥了宋建平一眼，然后转身背对他不语。

一个人的聪明之处在于他知道他的爱人最看重的是什么，而愚蠢之处却是他会恰到好处地破坏对方最看重的东西，还自鸣得意于自己说话说得"恰到好处"，一语中的："我看不起你这样的！你太尿了！""当初我是怎么想的，竟然看上了你？""你看，人家多有本事，你就不能长点本事吗？""我嫁谁都会比嫁你幸福！"

人最大的心理障碍就是怕配不上他所爱的人。如果一个人在婚姻中长期得不到尊重和认可，可能会陷入自卑之中，会变得冷漠、自私、狭隘。这是每个人都不愿面对的婚姻"悲剧"。即使并没有到分道扬镳的那一步，这也是悲剧，因为婚姻的根基——爱已经松动，甚至已经枯萎。

遇事多商量，婚姻不应独断专行

在婚姻的旅程中，两个人要共同面对生活的风风雨雨。每个决定，无论大小，都可能影响到彼此的幸福和未来。因此，遇事多商量，不仅是智慧的体现，也是对伴侣尊重的表达。

在共同生活中，我们经常会遇到需要做出选择的时刻。这些选择可能涉及日常生活的琐事，如家庭开支和孩子教育，也可能是关乎人生大事的决策，如职业规划和居住地选择。在这些时刻，如果一个人独断专行，不顾伴侣的意见和感受，就可能在无形中埋下了矛盾的种子。

沟通是解决问题的钥匙。通过坦诚的交流，我们可以了解对方的想法和需求，找到双方都能接受的解决方案。这样的过程，不仅能够增进彼此的理解和信任，还能够让双方都感到被重视。

在雷霆几十年的婚姻生活中，他和妻子从没红过一次脸，感情非常深，因此，他们家还多次被街道、区、市，乃至全国评为模范五好家庭。

雷霆说："我除了在恋爱时送过她日记本、书之类的东西，结婚后我再也没有送过她任何礼物，妻子并没有因此而埋怨过我，因为她知道，家里不管是大事还是小事，我都会和她商量。

家里需要买什么大的东西，当然要商量；逢年过节，走亲访友需要送什么礼物，要商量。如果遇到合身的衣服，并且价格合理，我就买回来；如果妻子认为价格太贵，她就会记住衣服的样式，我们一起去扯一段相同的面料，画好款式图给裁缝，让他依样缝制，几乎是花更少的钱，买到了我们喜欢的衣服。虽然我们的生活听起来很平淡，但我们自己觉得家里充满了温馨，挺美满的。"

商量，体现了你对对方的尊重和信任，可以让对方明白，你们是平等的，都是这个家的主人；商量，还能表达你对对方的欣赏和依赖，让他感觉到你离不开他，让他感觉到自身的价值和在你心目中的重要与珍贵。

凡事多和对方商量，即使想送爱人礼物，也可以问问他，想要什么，然后一起去挑，一起去买。买完之后，和他静静地坐在公园的一隅，或者找间茶室坐下来，品一杯香茗，回忆一路走来的美好。也许，少了一点意外惊喜，但同样是一种浪漫，一种宁静的浪漫、踏实的浪漫、成熟的浪漫。

刘大爷今年已经91岁高龄了，老伴陈奶奶也已经80岁了，二人育有6个子女。他们婚姻60年的风雨历程，让彼此的感情变得更加坚固，不管是做什么，两位老人总是形影不离。"我们在年轻时遭过很多罪，分合多次，现在生活水平提高了，我们年纪也大了，这好时光更要珍惜了。"陈奶奶会心地说道。

两位老人虽然年纪大了，但是身体都还算硬朗，而且性格都很开朗，和四周的邻居，无论年纪大小，都能和睦相处。在家里，老两口明确分工，由于陈奶奶腰腿不好，刘大爷就做扫地拖地这样的家务，而陈奶奶一手包办了炒菜做饭的家务。有一年，陈奶奶中风了，连床都下不了，子女虽然都来照顾她，但当时年近90岁的刘大爷才是最辛苦的人，他不但给陈奶奶端茶倒水，还成了她的精神依托。为了让老伴能够重新站起来，刘大爷每天扶着陈奶奶在床边练习走路，一步一步，一天一天，现在陈奶奶已经可以自由地上下楼了，陈奶奶说："如果没有老伴的鼓励和帮助，我的身体哪能好这么快。"

他们在生活上相互扶持，生活中充满了情趣。每天早上五点半，夫妻二人都早早起床，一起下楼去晨练，锻炼一个多小时后，再一起到市场去买菜。邻居们看到形影不离的老两口，总是交口称赞他们的幸福。而刘大爷和陈奶奶也常向人说，夫妻和睦之道其实也蛮简单，那就是大小事情都要商量。

在日常的生活中，夫妻之间有事情应该共同商量，闲暇的时候多聊天、多沟通，会让彼此感受到对方的陪伴，婚姻幸福的秘诀不过如此。如果什么事情都擅自决定，总是会引发各种各样的矛盾。夫妻是婚姻中共同存在的，也是平等的，任何事都商量着去做，不仅会达到事半功倍的效果，而且会在商量的过程中真实体会到彼此存在的重要性，从而也就让夫妻关系更加紧密，婚姻也就更加幸福。

宽容，是构建幸福婚姻的基础

著名作家列夫·托尔斯泰说："幸福的家庭都是相似的，不幸的家庭各有各的不幸。"幸福就是即使两人对坐无语，也不会觉得无聊，幸福就是彼此打电话，不需过多的言语，只为听到对方的声音。幸福很简单，也很复杂，有人认为，锦衣玉食也不幸福，有人则认为粗茶淡饭依然可以快乐每一天。

1918年，17岁的梁思成认识了14岁的林徽因，他们两人的父亲是朋友，早早就定下了孩子们的亲事，在1928年，二人步入了婚姻的殿堂。

林徽因是当时著名的才女，身边不乏大把的追求者，在梁思成赴美留学之前，林徽因和徐志摩的交往就非常亲密，但是梁思成却泰然处之，没有让自己心中的妒火烧掉自己的理智。

1931年，徐志摩乘坐的飞机发生了坠机事件，梁思成主动赶往现场，为徐志摩料理后事，体现出了一个男人的大度与宽容。

1932年，梁思成和林徽因搬到了北总布胡同，金岳霖成了他们家后院的邻居。有一天，林徽因告诉梁思成，她爱梁思成的同时爱上了金岳霖。梁思成想了一晚上，最后，梁思成觉得，自己缺少金岳霖那样的哲学家头脑，自己不如金岳霖。

第二天早上，梁思成对林徽因说："你是自由的。我既然爱你，就要给你足够的自由，如果你爱我，就算离开了，也会再回来；如果你不爱我，就算我强求，也是没有用的。"

林徽因接下来就找到了金岳霖，把梁思成的话转告给了他，金岳霖说："梁思成能说出这样的话，证明他是真心爱你的，他不希望你受到任何委屈，所以，他才会给你自由，我不想伤害一个真心爱你的男人，我退出！"

最后，三个人成了好朋友，梁思成从来没有因为忌妒而失去包容之心，他对林徽因的爱不仅伟大，而且深沉。

梁思成对林徽因的宽容，其实就是对爱情的宽容，如果那时他过于强求，只会让握在手中的爱情从指缝溜走。宽容是构建幸福婚姻的基础。其实，夫妻双方需要的是理解，是相互体谅。恋爱的热情是极其短暂的，如果我们过于追求，只会适得其反。

两个人的婚姻，
不能过多强调一个人的付出

经常听到一些久在围城里的女性朋友们抱怨："我就像一只陀螺一样，从早上开始就一直围着他转，围着孩子转，然后就转到单位里，晚上回来还要在一大堆家务里打转，你说，我一天天容易吗？就这样，他还不满意，嫌这嫌那。"

人际交换理论是社会心理学中的一个理论，这种理论认为，人与人之间的关系，是以一种类似于商品交换的规则为纽带的。而我们每个人心中也有着一杆秤，衡量着自己的付出和收获。这一原则，同样适用于夫妻关系。人们之所以经常会产生这样或者那样的对另一方的抱怨，是因为在自己倾其所有为这个家付出的时候，实际上他们也是期待着对方给予自己同等的回报，一旦觉得对方的回报没有达到预期的"量"，他们就会感到失望，抱怨由此产生。而且，不仅是"吃亏"方感觉不好，其实，"占便宜"方也感觉好不到哪儿去，尤其以那些关系亲密的夫妻为例，总"占便宜"的一方更容易使自己产生压抑和负罪的心理。因为一方付出得太多，另一方似乎就没有了价值，没有了成就感。在所谓的舒适中被动生活，就会产生压抑，因为不会心安理得。婚姻就像一杆秤，付出多少都明明白白地标在了秤杆上……于是，夫妻间的爱就靠着这杆秤的平衡维系着。但是，倘若一方付出少了，一方得到多了，婚姻这个

131

时候也就亮起了红灯。

有句话叫"善良的最高原则是保持受施者的尊严"。这句话放在婚姻里来说，就是"不要太强调你的付出"。说多了，对方会烦，会有压力，会觉得你是在施舍。你又何必做些出力不讨好的事呢？如果他看到了，你的付出自然会有价值；如果他看不到，你说再多也没用。

晓萍原本是个幸福的女人。大学毕业后如愿嫁给了自己的男朋友，跟他结婚生子，日子平静顺利得让人羡慕。而她也从来没掩饰自己的幸福。

可是，这段让人交口称赞的婚姻突然间像失去了藤蔓的牵牛花，在一夜间迅速地垮掉了。听者无不惊奇感慨。其实，毁掉这段婚姻的不是别人，正是晓萍自己。

丈夫家境贫寒，当初创业时晓萍娘家出了20万元。好在丈夫也争气，不出几年，不但挣回了本钱，还把事业发展得很大，生活越发有声有色。因丈夫一直忙于扩大事业，家里的事都落到晓萍头上。晓萍一边照顾孩子，一边忙着自己的工作，还有两边的老人。虽然很累，但是想到丈夫、家、孩子，又觉得非常幸福。但她既要忙工作，又要照顾家，精力明显不够。晓萍跟丈夫商量过后，把工作辞了，做了全职主妇。

开始的时候倒也不错，但慢慢地，晓萍看着光芒尽显的丈夫，心里总会产生一种难言的恐慌。特别是跟他一起参加一些社交活动时，晓萍看到一些年轻漂亮又活力十足的小姑娘，毫不忌惮地表示着对丈夫露骨的兴趣，她心里就像压上了块大石头，沉重得喘不过气来。她们正值大好的年华，而自己却是个终日待在家里看家、照顾孩子、伺候丈夫的黄脸婆。

一害怕，她的行为就有些失常。晓萍开始无端地怀疑丈夫，回家太晚就会神经质地追问他去了哪里。丈夫累了一天，一有点不耐烦，晓萍就会恶狠狠地甩上一句："你别忘了你的今天是怎么来的！是我们家给了你20万！我为了你、为了这个家，辞了职，全心全力地伺候你爹娘、你儿子！做人不能没有良心！"

开始的时候，丈夫总是无言地忍了。看着丈夫那张隐忍的脸，晓萍就觉得特别有安全感，这个男人欠自己的，所以，他永远都是自己的。

但是，她显然低估了自己这些话的杀伤力。特别是到最后，她已经形成了习惯，每次吵架总会拿出来说道一番。在一次激烈的争吵之后，丈夫终于咬着牙说出了"离婚"。晓萍气得浑身发抖，忍不住又要拿出那段说词，还没说完，就被丈夫打断了："我知道，我用了你们家20万，我欠你的今天再还一次，连利息一块儿算上。行了吧！"

晓萍试图用不断提醒丈夫的"起家史"来引发丈夫愧疚的做法，从本质上讲是愚蠢的。丈夫先前的容忍，确实有愧疚的因素在内，但长此以往地强调，会让他想起过往的"难堪"。他觉得自己受到了侮辱，进而产生摧毁婚姻的欲望，因为这段婚姻在时刻提醒着他，他的成功，是因为一个女人无条件的付出和牺牲。这是他的自尊心不允许的。也许，以前这段婚姻并没有带给他这种难堪。每一个人都是有自尊的，随着晓萍的不断提醒，晓萍丈夫潜意识中不想提及的一些因素就会跳出来折磨他的尊严。很显然，这段婚姻出现问题几乎是必然的。

其实，任何一段婚姻中，都会存在不同程度的付出和牺牲。不论男女，在婚姻面前都是有牺牲的。丈夫为了家庭，放弃了很多和家人欢聚一堂，共享天伦的时间，在外面浮浮沉沉，说不定还要受尽冷眼算计，才能换来一时的成功；而妻子为成全丈夫的事业不得不牺牲、割舍自己的前途。当你一旦决定走进婚姻，那么，也就意味着，你同时选择了面对这些牺牲，并且在这些牺牲上，保持"缄默"。你可以记得，可以偶尔拿出来叨念一下自己的付出，但切记不可太过强调。毕竟，当时你是用它换取你们婚姻的相对平衡。可是，普天之下，做出牺牲的并不只有你一个，至少还有你的另一半，有一切和你一样待在围城里的男男女女。当你把"付出"当筹码不断地向他"邀功请赏"时，你的付出反而会累坏了婚姻。

著名心理学家海林格认为，在婚姻生活中，如果付出方一味付出，不懂接受，承受方很快就不想再接受另一方的付出了；如果付出太多，超过了承受方的回报能力时，承受方就会产生结束关系的想法。因此，作为夫妻双方，需要对婚姻有个正确的认识，即两个独立的人选择了共同生活的方式。你们可以相互温暖、相互依靠，但是，千万不要太强调你的付出，这样你们都会累。

别把洁癖带入你的婚姻

有些人很爱干净，总喜欢把自己收拾得靓丽照人，把家里收拾得一尘不染。对于一个家庭来说，有这样一位爱干净的伴侣，会让人感到家的温馨和舒适。但是物极必反，当伴侣爱干净的优点转变成洁癖的时候，那就不再是一种美感，而是一种病态了。有洁癖的人自己倒没什么，但会给家人带来无尽的困扰。

小梦就是一个有洁癖的人，她的老公非常难以接受。小梦不仅每天洗手很多次，甚至为了避免因公交车上的扶手弄脏自己，每天居然走路上下班。

回家后，她更是反复地把家里的地板、桌椅、日常用品擦得干干净净才罢休，屋内哪怕有一点不干净都会让她很不舒服。

每次外出旅行住酒店，小梦的必带之物就是消毒水。一进酒店的房间，她就马上把消毒水喷在酒店的每一个角落。

家人的健康和卫生更是被小梦照顾得十分周到。除了她自己和老公之外，其他人一律不准接触她女儿。每次外出吃饭，小梦都自备碗筷。有一次忘记带私人餐具，她只好用餐厅提供的餐具，她先用开水反复清洗了十几遍，然后再用纸巾擦拭数十次……

太爱干净的人总是把家里收拾得整整齐齐，辛苦一天的伴侣回到家，本以为可以舒舒服服躺在沙发上看电视，却被你一把揪起：不要把沙发弄乱了。想要喝杯水舒缓舒缓，只听你说道：喝完记得洗杯子。想要到书房上会儿网，只听传来你的声音：出来的时候把桌子收拾干净……诸如此类的现象屡屡出现在本来温馨的家庭里，怎能不让伴侣对家、对你望而却步？这样随时随地的"唠叨"会让伴侣觉得还不如待在办公室来得舒服。

曾有人说过："幸福的家庭看上去总是有一点凌乱。"家里适当凌乱会给人带来一种生活气息感，让人感到更加温馨。所以我们要学会为家营造一个轻松舒适的氛围。有时候太爱干净是与生俱来的习惯，也有可能是遗传，如果你有洁癖，一定要学会自我调节，或者寻求医生的帮助。千万不要让你的洁癖破坏了家庭的温馨。

你的洁癖可能会成为家庭不和谐的主要原因，所以适时地改掉这个坏毛病，让家人真正感受到家的松弛，同时也能使自己的身心得到放松，让家庭生活更加和谐。

夫妻之间，不要总盯着对方的短处

在婚姻生活中，夫妻双方都有自己的优点和缺点。然而，当一方开始过度关注另一方的缺点时，这种负面的焦点可能会逐渐侵蚀他们之间的爱和尊重。这种关注往往源于日常生活中的小摩擦，如家务分配、育儿方式或财务管理等。随着时间的推移，这些小摩擦可能会演变成深刻的不满和怨恨。

专注于伴侣的缺点不仅会影响两人之间的情感联系，还可能对个人的心理健康产生负面影响。长期的负面情绪可能导致压力增加、沟通障碍和情感疏远。在这种环境中，夫妻双方可能会感到被误解和不被尊重，这会进一步加剧关系的紧张。

当伴侣专注于彼此的缺点时，他们可能会忽略对方的优点和贡献。这种偏见可能会导致一个负面的情感螺旋，其中一方的批评和不满引发另一方的防御和反击。这种互动模式可能会使夫妻双方陷入一种持续的冲突状态，难以找到解决问题的途径。

张科和王芳结婚多年，生活中充满了爱和欢笑，但也不可避免地有一些摩擦和争吵。张科是一个细心的人，但有时候他会忘记做一些家务事，比如忘记倒垃圾。王芳是一个非常有条理的人，但她有时会因为一些小事情而焦虑。

一天晚上，他们因为一件小事而发生了争吵。张科又忘记了那天是该他倒垃圾的日子，王芳回家后看到满满的垃圾桶，感到非常烦躁。她责怪张科不负责任，而张科则觉得王芳太过挑剔。气氛越来越紧张，双方都开始指责对方的短处。

然而，在争吵中，张科突然意识到事情正不可控制地朝不好的方向发展，他们都应当冷静一下。冷静的间隙，他记起了王芳如何细心地照顾他生病时的需要，以及她对家庭的无私奉献。王芳也回想起张科对她的支持和理解，以及在她困难时刻给予的鼓励。

他们决定停止争吵，坐下来谈论他们的感受和期望。他们意识到，专注于对方的短处只会导致负面情绪的累积，而认识和欣赏对方的长处则能够增强他们的关系。他们决定从那天起，每天至少说出对方一个优点，以此来提醒自己珍惜对方。

这个简单的行动改变了他们的生活。他们开始更加感激对方，小小的矛盾和误会不再是问题。

他们的故事告诉我们，夫妻之间应该专注于彼此的优点，而不是缺点。通过相互尊重和欣赏，任何关系都可以变得更加坚固和美好。这是一个关于爱、理解和成长的故事，提醒我们在关系中保持积极和建设性的态度。

每个人都有一些或大或小的毛病，如果人们能用一颗宽容和理解的心去对待自己的伴侣，遇到问题的时候商量着去解决，这些毛病不仅不会成为婚姻的绊脚石，可能还会转化成夫妻间的浪漫元素。所以，在婚姻中，一定不要揪着对方的短处不放，更不要在每次吵架的时候揭对方的短，让对方的自尊心受到严重伤害，最后导致不可挽回的结果。

在婚姻中，请收起挑剔的目光，拿起扩大优点的放大镜，以律人之心律己，以恕己之心恕人，你会发现对方的缺点是那么渺小，你不再会因此而烦恼，你会感激自己能拥有优秀的伴侣，随之你们的婚姻生活也会变得幸福和谐。

别让鸡毛蒜皮的琐事，
影响婚姻的甜美

　　每一段婚姻在开始阶段都是美丽的，但度过了蜜月期后，家庭和工作上的事情会把人折腾得筋疲力尽，忘记了婚前对幸福的美好憧憬。这时，你就会发现对方越来越多的缺点，起初只是唠叨几句，接下来就是争吵和不能容忍，甚至在温暖不久的被窝里，你想到了离婚。

　　感情是个十分敏感脆弱的东西，夫妻之间的感情尤其如此。往往一些鸡毛蒜皮的小事都会成为夫妻翻脸的导火索，比如牙膏要从底部挤起还是随意挤。婚前的山盟海誓，最终落了个离婚的下场。婚姻其实就是生活，鸡毛蒜皮之事看似很小，但就像针尖一样，刺在谁身上都会疼。

　　吴为民和张敏是在北京打拼的一对年轻夫妇。他们都是职场人士，工作繁忙，生活节奏快。他们的婚姻生活充满了爱和支持，但也不可避免地会有一些小摩擦。

　　一天，吴为民回家时发现张敏忘记了他们约定的晚餐计划。张敏因工作加班而迟到，没有及时通知吴为民。吴为民感到失望和愤怒，觉得自己被忽视了。然而，他没有立即发火，而是决定先冷静下来。

　　张敏回到家，立刻察觉到吴为民的不悦。她主动道歉，并解释了自己的疏忽。吴为民也表达了自己的感受，但他们都努力保持冷静和理性。他们讨论了如何改进沟通，并一起制订了一个新的晚餐计划。

这个简单的事件可能会在其他情况下引发争吵，但吴为民和张敏选择了理解和宽容。他们意识到，婚姻中的甜蜜并不是由完美无缺的日子构成的，而是由他们如何处理不完美的时刻决定的。他们学会了不让小事影响他们的关系，并将其视为成长和学习的机会。

这个故事告诉我们，婚姻中的幸福不是自动获得的，而是需要双方共同努力维护的。通过有效沟通、相互理解和适时的妥协，夫妻可以克服生活中的小挑战，保持婚姻的甜美。这是一门值得所有夫妇学习的重要课程。

小细节构成生活，心情的好坏其实是受那些鸡毛蒜皮的小事影响的。举例来说，一对夫妻离婚，只是因为男人家务做得少一点，女人总是爱吃零食；还有一对夫妻离婚，只是因为男人没给女人买内衣，女人没给男人擦皮鞋；更有甚者，因为一个炒菜做饭的问题就要闹离婚，女的坚持放盐，男人就喜欢吃甜的，他偏要放糖，结果每次吵架的源头都是因为做饭。细节成就爱情，细节也能毁掉婚姻。

夫妻之间免不了吵吵闹闹，能走到一起至少说明是两相情愿的，说情人眼中出西施也好，说郎骑竹马来也好，总之，为人处世，都要有一种风度、一种胸怀，夫妻之间更应如此。如果男人不端着大男子主义的架子，女人也没有了女领袖的姿态，彼此之间多一分包容和谦让，婚姻还会不和谐吗？

生活中不如意之事十之八九，婚姻生活中锅碗瓢盆磕磕碰碰纯属调味。不管怎样，要想维持幸福的婚姻生活，在遇到纷争时双方都要宽容对待，理性地解决问题，将大事化小，小事化了，不要轻易让这些鸡毛蒜皮的小事破坏了经营不易的婚姻。

改变自己，而不要想着改变对方

婚姻是一段美丽而艰难的旅程，它涉及两个独立个体的相互理解、支持和成长。在这个过程中，许多人可能会遇到一个常见的挑战——试图改变他们的伴侣。然而，许多婚姻专家和心理学家都建议，更健康和有效的方法是专注于改变自己。

婚姻不仅是两个人之间的事情，更是两个家族的事情，我们选择了婚姻就等于接纳了对方的一切，不管是优点还是缺陷。选择一个人就是选择对方的社会关系的总和，既然选择了，就应该去适应。

小莲本是一个很有才华的女诗人，在大学期间是学校里的校花，追求她的男生简直可以排成一个连，但是她却选择了一位不善交际、笨拙，而且有些奇怪的癖好，家境又不富裕的研究古文化的男生做自己的老公。

为了能让丈夫静下心来研究古文化，小莲跟着丈夫到了一个偏远的小乡村居住。爱好写作的她还经常牺牲写作的时间处理家庭事务和丈夫的人际关系。

当她丈夫的有关古代文学的作品吸引了大众的目光后，她只和欣赏她丈夫的人交往。在他们的社交圈里，她丈夫的才华吸引了很多漂亮女性的目光，她也可以忍受，因为她们也是丈夫作品的受众。

　　其中小莲最让人钦佩的一点就是，她从未有过改变丈夫性格的念头。

　　小莲在日记中这样写道："我不想他因我而改变，我也不希望他变成我幻想中的那类人，那将会失真。人真实是因为有缺点存在，而没有瑕疵的是那些蜡像。他能充分发挥出他的才华，这才是最重要的。"

　　对小莲来说，丈夫本就是一个天才，所以她不想让他因为自己荒废自己的爱好而成为一个擅长交际的专家。丈夫笨拙的个性，以及他的执着不屈才是最吸引小莲的，所以她和丈夫在一起的每一天都是开心的。

　　我们必须认识到每个人都有自己的个性、习惯和价值观，这些都是他们身份的一部分。试图改变对方往往会导致冲突和不满，因为这可能会被视为不尊重和不接受对方的真实自我。相反，通过改变自己的态度和行为，我们可以成为更好的伴侣，从而创造一个更和谐的关系环境。

　　例如，如果沟通是一个问题，一个人可以学习更有效的沟通技巧，而不是指责伴侣不会倾听。如果冲突经常发生，一个人可以探索解决冲突的新方法，而不是试图改变伴侣的反应方式。通过这种自我反省和改变，我们不仅能够自己得到成长，还能激励伴侣也做出积极的改变。

　　此外，当一个人专注于自我改善时，他们通常会发现自己的幸福感和满足感增加了。这种内在的变化可以产生积极的连锁反应，改善婚姻的整体质量。当两个人都致力于成为最好的自己时，他们的关系就有了成长和繁荣的空间。

　　总之，婚姻中的自我改变是一种强大的行为，它要求勇气、自省和承诺。通过将注意力转向自我改善，而不是试图改变伴侣，我们可以培养出更健康、更满足的关系，并在这个过程中发现自己的力量和潜能。这是一条不断学习和成长的道路，但它的回报是无价的。

婆媳之间，
更需掌握好那点边界感

在中国传统文化中，婆媳关系一直是家庭和谐的重要指标。随着时代的变迁，虽然家庭结构和社会角色发生了变化，但婆媳之间的相处之道仍然是许多家庭关注的焦点。

边界感，在婆媳关系中尤为重要。它不仅关乎个人的空间和心理的舒适度，更是相互尊重和理解的基础。一个清晰的边界，可以让婆婆和媳妇都有各自的生活空间，同时也能够在必要时给予对方支持和帮助。

在维护边界的过程中，沟通是关键。婆媳双方都应该学会表达自己的需求和感受，同时也要学会倾听和理解对方的立场。例如，儿媳在遇到困难时，可以适时地向婆婆寻求意见，而婆婆在提供帮助时，也应该注意不要过度干涉儿媳的私事。

此外，尊重也是维护边界感的重要一环。婆媳双方都应该尊重对方的生活习惯和选择，不要轻易地评判或干预。在日常生活中，小到家务分配，大到教育孩子的方式，都需要双方协商和尊重。

在实际生活中，婆媳之间的边界感可能会因为各种原因而变得模糊。这时，重要的是双方都能够保持开放的心态，及时调整和修正。通过不断的努力和理解，婆媳关系可以变得更加和谐，家庭氛围也会因此变得更加温馨。

小晴和男朋友王朗谈了四年的恋爱，两个人的感情之船在汪洋大海中稳步行驶。在小晴的眼中，王朗是一个心很细，特别会关心女孩子的男人，经过一段时间的相处，王朗正式向她求婚，还要她和自己一起去见父母。这让小晴欣喜不已，于是两个人手牵着手，来到了王朗父母的住所。

　　一推开门，映入眼帘的是一个板着一张脸孔的女人，那张脸上没有丝毫的微笑。王朗向小晴介绍这就是自己的妈妈。看到面前的这个女人如此冷漠，小晴不由心中产生了失望感，但还是努力赔上笑脸叫了句："阿姨好！"两个人坐了下来，王朗的妈妈开始问小晴很多问题，家在哪儿，学历怎么样，工作怎么样，会不会做家务，等等。这让小晴觉得自己好像在被调查户口，经过一番询问后王朗的母亲总结道："也不过如此嘛！我们家王朗长得又高又帅，有很多女孩子都喜欢他呢。"听了这话，小晴差点被气得晕过去。于是她站起身来说："阿姨，我还有事，先走了。"看到小晴一脸不高兴，王朗赶快追了出去，对小晴拼命解释道："小晴，我妈今天心情不好，平常她不是这样的……"最终爱情的力量战胜了一切，尽管小晴觉得和王朗的母亲有些合不来，但她还是因为深爱着王朗，而甘心嫁给了他。

　　然而婚后的生活对小晴和王朗来说一点都不轻松，原因并不在他们自身的感情上，而是在小晴和婆婆之间尴尬的关系上。起初小晴觉得事事让着点婆婆就没事了，但是时间一长她却被婆婆一次又一次过分的言语激怒。譬如："结婚这么久了也不知道要孩子！""我们家王朗怎么娶了你这么个不会孝顺老人的妻子！""你到底会不会做饭？什么都不会做，你的父母是怎么教育你的？"……一连串刻薄的话，充斥着小晴的心。她只得等王朗回来向他诉苦，起初王朗还尽力在她们中间左右调和，可没想到越调解越乱。婆婆经常会无理取闹，这让小晴觉得结婚没有任何幸福可言，于是她不得不向王朗提出离婚，虽然她心里放不下丈夫，但她实在没办法忍受婆婆无端生是非的日子，"既然我没有办法让你妈妈满意，与其这样无休止地争吵，让你为难，还不如我们现在分开，对于大家来说都是种解脱"。

小晴和王朗的恋爱关系稳定而甜蜜，但当小晴遇到未来的婆婆时，她感受到了冷漠和批评。尽管王朗的母亲的行为可能是由于对儿子的过度保护，但她的言行却超越了应有的边界，给小晴带来了压力和不满。婚后，这种缺乏边界感的问题变得更加严重，导致小晴感到被边缘化和不被尊重。

婆媳之间的边界感不仅影响两人的关系，还会影响整个家庭的氛围。在小晴和王朗的案例中，婆婆的过分介入和无端指责最终导致了夫妻关系的紧张，甚至婚姻的破裂。这表明，当婆媳之间缺乏适当的边界时，即使夫妻之间的感情再深，也可能面临严重的挑战。

婆媳之间的边界感是维护家庭和谐的关键。它涉及尊重、独立和个人空间的认识。当这些边界得到尊重时，婆媳关系可以成为支持和爱的源泉，而不是冲突和不满的根源。

通过小晴和王朗的故事，我们可以看到，婆媳之间的边界感对于建立健康的家庭关系至关重要。它有助于保护个人的自尊和自由，同时促进家庭成员之间的相互理解和支持。在任何婚姻中，确立和维护这些边界是双方共同的责任，这样才能创造出充满爱和尊重的家庭环境。

第七章

教育边界感：
不打不骂教出好孩子

尊重孩子，不去窥探孩子的隐私

随着孩子的日渐成熟，他们不会再像从前那样积极向父母汇报学习情况；他们时常对着手机莫名地傻笑；日记本上锁，孩子根本就没有给父母看的意思。这个时候的孩子已经开始注意保护自己的隐私，他们视此为神圣不可侵犯的领地，甚至他们的父母都不能踏入半步。

但是，偏偏有些父母忍不住他们猎奇的心理，他们绞尽脑汁窥探孩子的隐私。父母们不懂得和孩子的边界在哪里，总想搞清楚孩子的一切：我家孩子究竟是怎么了，是不是早恋了？于是，对孩子的领地一探究竟成了许多父母的"嗜好"。这种突破边界的行为是孩子最讨厌的，因为孩子的心是敏感的，他们会因父母这样的行为而受到伤害，从而更加远离父母。当孩子离你越来越远，那情感从何谈起。

几个已经读高中的孩子经常聚在一起探讨："现在，我越来越没办法和父母沟通了。父母的良苦用心我明白，但他们也不能以爱之名来窥探我的隐私吧，现在我对他们已经没有什么信任感了，他们这样做的后果，严重影响了彼此的感情。"显而易见，这是当下孩子和父母间的"主流矛盾"。

赵红上中学了，在妈妈眼里她一直都是乖女儿，但一个偶然的机会，妈妈惊讶地发现，赵红竟藏着许多秘密。

一个周末的下午，在家打扫卫生的妈妈像往常一样帮女儿整理房屋，无意间发现了赵红遗忘在床上的抽屉钥匙，平时女儿总是随身带着这把钥匙。妈妈犹豫了几秒钟，终于忍不住好奇，打开了抽屉。打开抽屉后妈妈被惊了一下——抽屉里全是歌星和影星的海报、明信片……妈妈对此感到十分生气。在她看来，一个十几岁的女孩应该将学习放在首要位置，女儿的喜好让她痛心不已。晚上女儿回来后，妈妈不问缘由便训斥了女儿一顿，还动手打了女儿。

事后，赵红给妈妈写了一封信，她说："如果说孩子没有隐私，那绝对是错误的！每个孩子都有属于自己的一片神圣不可侵犯的领地，大人们也应该尊重孩子的隐私，请妈妈还我一片自己的天空。"妈妈看了女儿的信后，知道自己做错了，于是进行了自我检讨。

后来，妈妈再也没有侵犯过赵红的隐私。妈妈表示，不管你是否愿意，孩子真的在慢慢长大，她有自己的私人空间，有自己的情感世界。孩子在成长的过程中早已播下了"个性、自我、平等"的种子，而我们能做的，就是尊重，让种子健康茁壮地成长。

尊重孩子的隐私是基于对个体权利的尊重。每个人无论年龄大小，都有自己的私人空间和秘密，这是个体尊严和自我认同的体现。孩子作为一个独立的个体，他们的思想、情感以及个人空间都应得到尊重。这种尊重有助于孩子建立自信和自尊，是他们健康成长的基石。

尊重孩子的隐私是一个复杂但至关重要的议题。它要求家长在保护孩子的个人权利和履行监护职责之间找到恰当的平衡点。通过尊重和信任，家长可以为孩子营造一个安全、健康的成长环境，帮助他们成为自信、独立和负责任的成年人。

学会放手，溺爱只会毁掉孩子

爱子心切是人之常情，但这种爱需要正确的方式、方法。如今，有许多家长什么家务都不让孩子做，只要孩子用功读书，所谓"两耳不闻窗外事，一心只读圣贤书"，结果导致孩子产生极强的依赖感，自理能力极度匮乏。有的孩子十七八岁了还不会洗衣服、不会打扫卫生、不会做饭，甚至连香葱、韭菜都分不清楚。

试想，如此缺乏自立、自理能力的孩子，将来又怎能独自立足于社会呢？又如何去独当一面呢？看了艾森豪威尔的成长经历，相信为人父母的你能从中得到一些启示。千万别忘了教导和培养孩子最基本的生活能力，让他们能自食其力，因为爱不能代替孩子精神的独立。

艾森豪威尔的父亲从来不溺爱孩子，从孩子小的时候就注意培养他们做家务的能力，谁都不例外。严格的家规树立了孩子们良好的生活观和好的生活习惯。举例来说，孩子们生活很规律，早晨六点准时起床，晚上九点准时睡觉。父母还特意为孩子们创造了劳动的机会。艾森豪威尔家旁边闲着一块地，每逢春季来临，父母就带着他们在那块空地上播撒菜种。等到秋季的时候，艾森豪威尔兄弟几个就把收获的菜运到城里贩卖，赚到的钱就用于购买衣物和学习用具。

有一年，艾森豪威尔的弟弟染上了猩红热，家里的事就更多了。妈妈将家里做饭的重任交给了艾森豪威尔。艾森豪威尔在此之前根本就没接触过做饭，但是，他认为只要自己努力就能把饭做好。开始，在妈妈的指导下，他每天忙忙叨叨地勉强能把饭做熟，不过他的厨艺全家人真是不敢恭维。但经过长期的不懈努力，艾森豪威尔厨艺大增，全家人都很喜欢他做的菜。

中学时，有一次和同学去郊游，艾森豪威尔就负责给大家做饭。他烧的土豆、馅饼和牛排深受大家好评。大家为此感到十分意外！

我们很难将职业军人出身的美国总统艾森豪威尔的"硬汉"形象，和那些"婆婆妈妈"的琐碎事情联系起来。正所谓，穷人的孩子早当家，父母在他年幼时培养的好习惯，真的让他受益终身。可以说，艾森豪威尔所经受的教育尤其值得中国大多数独生子女家庭借鉴。作为家长，要守护好和孩子之间的边界，不能什么事都帮孩子做。当孩子凡事都依赖你时，不妨将艾森豪威尔的事例说给他们听听。安逸的生活中造就不了杰出的人物，早点培养孩子的独立精神，就是在激发他们成功的潜质。

溺爱孩子的结果只能是让孩子丧失独立精神，长大后没有自理能力。要真为孩子好，就不要对孩子继续娇惯下去了，理性爱孩子，引导他们锻炼自己的独立能力。"淌自己汗，吃自己饭，自己的事业自己干，靠天、靠人、靠祖宗，不算好汉。"这句话道出了为人处世的真理，也是我们这些望子成龙的家长们应好好领悟的道理。

因材施教，
孩子若是内向就别逼他外向

在教育孩子的过程中，理解和尊重每个孩子的个性至关重要。每个孩子都是独一无二的，他们有着不同的性格、兴趣和学习方式。因此，教育不应该是一种强制或一成不变的模式，而应该是一个灵活和包容的过程，能够适应每个孩子的特点和需求。

内向的孩子往往更加沉稳和敏感，他们可能不喜欢大声说话或成为焦点。这并不意味着他们不善于社交或不善于交流，而是他们表达自己的方式不同。他们可能更喜欢深入思考和观察，而不是立即行动。他们也可能在小群体或一对一的互动中更加舒适和自信。

尊重内向孩子的性格，意味着理解他们的交流和社交方式，并提供一个支持和鼓励的环境，让他们能够以自己的方式成长和发展。这不是说不鼓励他们尝试新事物或发展新技能，而是要确保这些经历是建立在他们的兴趣和舒适度的基础上的。

教育的目标是帮助孩子成为最好的自己，而不是将他们塑造成我们想要的样子。这需要教育者有高度的自觉和自省，以及对孩子的深刻理解和同情心。通过这种方式，我们可以帮助孩子发展他们的优势，勇于迎接挑战，并在他们自己的节奏下成长。

小明十岁了，是一个内向的孩子，不喜欢在人多的地方说话，也不喜欢成为焦点。他的父母很担心他的内向性格会影响他的社交和学习。但是，他们也意识到，强迫小明变得外向并不是解决问题的方法。

　　他们决定寻求专业的帮助，并与小明的老师进行了沟通。老师建议他们尝试因材施教的方法，找到小明的兴趣点和优势，然后在此基础上进行教育。他们发现小明对绘画和阅读非常感兴趣，于是他们鼓励他在这两个领域发展自己的技能。

　　随着时间的推移，小明在绘画和阅读方面展现出了惊人的才华。他开始在学校的艺术展览和阅读会上展示自己的作品，这让他获得了同学们的认可和赞赏。他的自信心逐渐增强，他也开始更愿意与人交流分享自己的兴趣。

　　小明的故事告诉我们，每个孩子都是独一无二的，他们有自己的成长节奏和方式。作为家长和教育者，我们应该掌握教育的边界，尊重孩子的个性，通过因材施教来引导他们发现自己的潜力。这样，孩子们就能在自己最舒适的环境中成长，成为自信和快乐的个体。

　　总之，教育是一种艺术，也是一种科学。它需要我们不断学习和适应，以便更好地服务于每个孩子的独特旅程。掌握教育边界，因材施教，这是我们作为教育者的责任和使命。让我们一起为孩子们创造一个充满爱、理解和机会的世界。

家长压力再大，
孩子也非你的"出气筒"

现在的家长压力很大，要承担工作和生活的双重高压，有时难免出现烦躁、苦闷的情绪，如果这时孩子再不听话，就有可能把气撒在孩子身上，让他们成了"出气筒"。

确实，家是能让人卸下防备尽情放松的港湾，但我们不能把家当作发泄情绪的垃圾桶。现在人们的生活节奏越来越快，也越来越渴求片刻的放松，但孩子的学习压力也很大，学习一天消耗的体力、脑力，绝不亚于父母工作一整天付出的精力。

父母下班后孩子高兴地迎上来，却换来父母一句冷冷的"我累了，自己一边玩去"，孩子的感受可想而知，下次父母再回家，他还会这样高兴地迎上去吗？将自己的负面情绪发泄在无辜的孩子身上，这样公平吗？

丽丽的妈妈在一家大型公司做项目策划，平时的工作非常忙碌，每天需要和团队、客户开大大小小不同的会议。为了能让丽丽过上好的生活，妈妈可谓拼尽了全力。

这天，丽丽在上数学课的时候，快速地解答出了老师出的一道难题，得到了老师的夸奖。丽丽很高兴，放学后兴冲冲地就往家跑，想快点回到家把这个好消息告诉妈妈。到家后，发现妈妈还没有回来，丽丽就一直在门口徘徊，听楼道里的脚步声。终于，她听到了朝她家走的脚步声，妈妈回来了。当妈妈打开门的一瞬间，丽丽就立刻跑了上去，帮妈妈脱外套。然后就想把今天受到数学老师夸奖的事告诉妈妈。但她刚开始说第一句话时，妈妈就很不耐烦地对她说道："你整天缠着我干什么，没看到我这一天很累吗？你就不能自己回屋安安静静写作业去吗？"丽丽看到妈妈脸色很不好，关心地问道："妈妈，你今天是有什么烦心事吗？"妈妈立刻大声说道："你没听到我刚才让你回屋写作业吗？怎么还在我旁边嘀嘀咕咕个没完？"妈妈的话立刻让丽丽的好心情荡然无存，她垂头丧气地走回自己的房间，重重地关上了门。

当晚，丽丽的爸爸知道了这件事，来到丽丽的房间，告诉丽丽，今天妈妈因为损失了一个重要的客户，被老板批评了，所以心情不好。丽丽听了爸爸的解释后，虽然理解妈妈，但她心想，妈妈损失客户，也不是我的错啊，干吗把气都撒在我身上呢？想起妈妈下班时对她的厉声厉色，丽丽的心里就很郁闷。

丽丽在学校受到了表扬，怀着分享快乐的心情回家，却遭遇了妈妈的冷漠和不耐烦。因为妈妈在工作上承受着巨大的压力，无意中将这种压力转移到了丽丽身上。这种情绪的爆发不仅破坏了丽丽的好心情，也影响了母女之间的关系。

家长有责任在教育孩子时保持情绪的稳定，即使在压力巨大时也应该避免将负面情绪传递给孩子。孩子不是家长的"出气筒"，他们需要一个充满爱和支持的环境来成长。

丽丽的妈妈可能没有意识到，她的情绪管理对丽丽的影响有多大。家长的情绪反应会直接影响孩子的心理健康和他们对世界的看法。因此，家长需要学会如何处理自己的情绪，以免对孩子造成不必要的伤害。

通过丽丽的案例，家长应该意识到自己的行为和情绪对孩子有深远的影响。在教育孩子时，家长需要维护一个积极和支持性的环境，即使在面对个人挑战时也不例外。这样，孩子才能在一个健康的环境中成长，发展出积极的人生观和自我价值感。

别因为你的不耐烦，
盲目打断孩子的话

在家庭教育中，耐心倾听孩子的声音是至关重要的。这不仅仅是一种尊重，更是一种培养孩子自信和自我表达能力的方式。当父母不耐烦地打断孩子时，可能会无意中传达出孩子的想法不重要的信息，这对孩子的心理发展可能产生负面影响。

雨轩从小就聪明伶俐，鬼点子很多。有一天，老师讲了外国的一位科学家如何发明和制造小汽车的故事，雨轩听得很入神，认为能制造汽车是件十分神奇而又了不起的事情，于是他突然之间萌发出一个大胆的想法，那就是自己制造一辆小汽车。放学回家的路上，雨轩急切地想将自己这一伟大的想法告诉妈妈，也让妈妈为他高兴一下。

雨轩一进客厅，就急匆匆跑到妈妈面前说："妈妈，妈妈，我想跟你说一件十分神奇的事情。"

妈妈问："什么事啊，雨轩？"

雨轩说："今天老师在课堂上给我们讲了如何制造小汽车的故事，我也想自己手工制造一辆。"

没等雨轩接着往下说，妈妈便突然插话道："哎呀，你这么想可真是自不量力，有哪个孩子这么小能制造汽车的，还是去好好学习吧。"

雨轩接着说道："可是妈妈，书上写着……"

妈妈说："书上写了很多知识呢，什么几何算术啊，唐诗古文啊，英语对话啊，你应该多看看这些，其他的东西等你以后长大了再去研究。"

雨轩还想继续跟妈妈说些什么，可是妈妈已经起身去了厨房，不愿再跟雨轩讨论制造汽车的事情。妈妈怕雨轩还琢磨汽车的事情，就隔着厨房玻璃门，大声对雨轩说道："我给你掏那么多学费，是让你去好好读书，不要再琢磨制造汽车了，赶快去写作业，一会儿我要检查。"

雨轩一声不吭地回到自己的房间，坐在写字桌前摊开了作业本。他表面上是在写作业，可是心里却感到委屈，他暗暗发誓，以后再也不跟妈妈分享自己心里的想法了。

雨轩是一个充满想象力和创造力的孩子，他的热情被老师讲的关于汽车制造的故事所点燃。他急切地想与妈妈分享这个激动人心的想法，希望得到鼓励和支持。然而，妈妈的不耐烦和打断使得雨轩感到沮丧和被忽视，这不仅打击了他的积极性，也可能影响他未来与妈妈的沟通。

有效的沟通是家庭教育中的关键，它需要耐心和尊重。家长应该鼓励孩子表达自己的想法，即使这些想法看起来不切实际。通过倾听和理解，家长可以帮助孩子学习如何将想法转化为可行的目标。

家长的情绪反应对孩子有深远的影响。在雨轩的案例中，妈妈的反应可能会让雨轩觉得自己的想法不被重视，从而抑制他未来的创造力和自信。

雨轩的故事提醒家长，教育边界感意味着尊重孩子的想法和感受，不要因为自己的不耐烦而盲目打断孩子的话。这样的教育环境能够培养孩子的自信和创新精神，为他们的未来打下坚实的基础。

教育不能只是打骂，
你的目的在于让孩子反省

现如今，依然有许多家庭在奉行棍棒式的教育，然而这样做的结果往往只能是适得其反。许多家长坚持这样做的原因居然是要孩子害怕自己。通俗地讲便是："我不信我打不怕你！"于是一次次的打骂变本加厉。他们总以为孩子打轻了，就不会学乖，以至于后来下手越来越狠，终至惨剧的发生。

滥用体罚的父母伤害的不仅仅是孩子的自尊，还降低了他们在孩子心中的地位。"动不动就打"让孩子不想和父母亲近，亲子关系也因此产生隔阂。

如果父母采用简单粗暴的教育方法，孩子挨打时往往心中不服，并不会意识到是自己犯了错，从自己身上找原因，只会怪罪父母不爱自己。这样，不仅教育的目的没有达到，还伤害了父母和孩子的感情。在粗暴教育下长大的孩子往往会继承家长的简单粗暴的教育方法，使悲剧在下一代重演，而且孩子的性格也会变得粗暴、蛮不讲理。

那么，家庭教育就应该不对孩子做惩罚吗？其实不然，教育学家表示，缺少惩罚的教育是不负责任的教育。但惩罚也要讲究方式方法，不同的惩罚方式会带来不同的效果。惩罚教育的真正目的在于帮助孩子发展批判性思维、自我意识和解决问题的能力。这需要一个支持性和鼓励性的环境，其中孩子可以自由地探索，犯错，并从中学习。

　　惩罚孩子的过失是有必要的。那如何引导孩子改正错误呢？批评孩子的方式还有一种就是让孩子自己检讨自己。

　　著名作家马克·吐温有三个女儿，从这三个女儿出生那一天起，马克·吐温夫妇就没有骂过孩子，更没有打过一巴掌。这个家庭始终保持着一种民主的家庭氛围。马克·吐温从不以长辈的身份自居，孩子们也没有受到过他的训斥。马克·吐温也绝不姑息迁就孩子的过失，他让孩子们认识到错误的原因所在，并保证下次不再犯。

　　一次，马克·吐温计划带着女儿们到郊外度假，一家人要乘坐马车去饱览美丽的田园风光，这是女儿们向往已久的事。

　　就在临行之前，妹妹克拉拉被大女儿苏西打了。马克·吐温制定的家规中有一条，孩子一旦犯错，就要受到相应的惩罚，犯错的孩子提出惩罚的方法，父母同意后就开始实施。苏西犹豫了好长时间才想出一个惩罚自己的方法，她对母亲说："今天我待在家里，这会让我牢记我所犯下的错误，绝对不会出现第二次。"

　　马克·吐温同意了苏西的惩罚方式。后来，他提及此事时说："我并没有主动让苏西做这件事，但苏西因为这个错误错过了与一家人去旅游的机会，我为此感到十分难过——在26年后的今天。"

　　马克·吐温在家庭中制造了民主的家庭氛围，让尚未成年的女儿们对他充满了敬意。人是受精神支配的，孩子当然也不例外。如果孩子能自觉地、主动地去接受教育，自然能起到事半功倍的效果。

　　总之，教育不能只是打骂，它应该是一个充满爱、尊重和理解的过程。通过培养孩子的反省能力，我们可以帮助他们成为更好的自己。

真诚赞美，
敷衍只会让孩子更扫兴

孩子有时做了一件让自己特别开心的事情，希望得到父母的赞美，但父母可能都没听清孩子说的是什么事情，就不假思索脱口而出："嗯，不错。""还可以。""做得挺好的。"说者无心，听者有意，这种敷衍的赞美之词，会让孩子感觉父母并非真心赞美自己，不过是在应付差事罢了，于是孩子感到扫兴，自信受挫，甚至丧失了想要与父母分享喜悦的心情。

周六，李菲和朋友正在探讨一本摄影作品，李菲的女儿妮妮兴高采烈地跑了过来叫了声妈妈。看妮妮的神情，好像有什么事情要告诉妈妈。妈妈没有立即回应，过了一会儿才抬头"嗯"了一声。妮妮见妈妈有了反应，赶紧跟她说："妈妈，老师这次选我代表全班在学校文艺汇报演出上表演节目。"李菲笑着说："很好啊。"又立即沉浸在摄影作品中，好像并未听清孩子说什么。妮妮继续说："妈妈，你知道吗？这次代表全班汇报表演的名额只有一个，而我们班有 20 多个人竞选。因为我表现得最好，所以老师把这个名额给了我。"李菲的眼睛仍然盯在摄影册上，只是嘴上说道："妮妮还真不错呢。"

这时，妮妮感觉到妈妈根本没有听她说话，注意力全在摄影册上，妈妈刚才的话是在敷衍她。

妮妮原本喜悦的神情立即消失了，脸上变得黯淡无光，噘着小嘴转身进了自己的房间。朋友看出了妮妮的心事，赶忙对李菲说："孩子有好消息想要与你分享，希望得到你的夸赞，你怎么能敷衍她呢？这样的态度是不对的。"李菲不解地问朋友："我不是夸赞她了吗？说她做得不错啊。再说我也很忙，难道夸上一两句还不够吗？"朋友说："夸赞孩子不能只看数量，而要真心。如果你说很多句，都是虚情假意敷衍孩子，孩子会感到失望。而你如果真心赞美孩子，哪怕只有一句，孩子也会记在心里。所以夸赞孩子，一定要真诚。"

李菲听了朋友的话，顿时醒悟，赶忙到妮妮的房间跟女儿道歉。

妮妮在学校获得了一个重要的机会，这对她来说是一个巨大的荣誉和成就。她急切地想要与母亲分享这个好消息，期待得到母亲的认可和赞扬。然而，李菲的敷衍态度让妮妮感到失望和不被重视，她的兴奋和自豪感瞬间消失了。

真诚的赞美可以增强孩子的自信心，激励他们继续努力并在未来追求更高的成就。相反，敷衍的回应可能会让孩子感到被忽略，甚至影响他们与父母的关系。

当家长真诚地倾听并赞美孩子时，他们不仅是在肯定孩子的努力，也是在加强与孩子之间的情感联系。这种联系是家庭关系中不可或缺的一部分，它为孩子提供了一个充满爱和支持性的环境。

通过妮妮的经历，我们看到了真诚赞美的重要性。家长应该意识到，他们的每一句话、每一个反应都对孩子有着深远的影响。

学会拒绝，
不是每个愿望都要满足

据调查显示，近年来青少年犯罪率呈上升趋势，不少学生因大手大脚的花钱习惯，以至于最后在走投无路的时候，选择了犯罪道路。这值得我们深思和反思！

教育学家对各位家长如此告诫道：不是孩子的每一个愿望和要求都要满足。如果一味满足，这样的爱子方式是错误的。父母们应当提醒孩子不要光考虑自己，也应该考虑一下家庭的其他成员。这看似简单的道理却常常被各位家长忽视。身为家长，总是想方设法满足孩子的各种需求。不但自己不舍得买点什么，还要将别人的那一份也挪给孩子。这样的父母没有想过孩子的欲望就像是个无底洞，你满足了他这一愿望，孩子马上就产生了下一个愿望。这样无度纵容孩子的做法，深深毒害了孩子的思想。久而久之，孩子会养成目中无人、自私的坏习惯，而且，当他们的愿望无法满足时，他们还可能因此变得意志消沉。

另外，父母以身作则，厉行勤俭，也是"训俭"的一个好办法。

在撒切尔夫人童年的记忆中，父亲罗伯茨是个不舍得花钱的"小气鬼"。撒切尔夫人11岁时，提出了买自行车的愿望，却被父亲拒绝了。其实，父亲并不是拿不出买自行车的钱，而是他认为女儿这个年纪还没到需要自行车代步的时候，不该花的钱，父亲是一分也不会花的。

罗伯茨经常对孩子讲自己当年勤俭节约的事例，他说自己第一份工作工资只有 14 个先令，其中 12 个用来交房租，剩下的两个，一个存起来，一个做生活之用。

罗伯茨虽然对家庭成员很"抠门"，但他常常会给穷人一些东西。他对女儿说："想想是否能给别人最实际的帮助。但不是像某些人那样，认为去市场代替穷人抗议一下就是帮穷人。重要的是你能用这些身外之物做些什么有意义的事。"

这些教育，使撒切尔夫人养成了节俭的好习惯。节俭是一种美德，家长们都应当理直气壮地教育孩子节俭，让孩子懂得不是要买什么就能买什么，衣、食、住、行等各方面都不能奢侈，只有这样，才是在为孩子做长远打算。

孩子的物质要求不能都满足，教导孩子拒绝虚荣心，因为不管怎样都没有最好，只有更好，这样比是比不完的。

一味溺爱孩子，事事顺孩子的意，就会让孩子养成诸多不良习性，因此对孩子的一些不合理要求就一定要拒绝，这样才会让孩子变得懂事起来。

拒绝并不意味着缺乏爱心或关怀。相反，它是教会孩子面对现实和挑战的一种方式。在生活中，他们将会遇到各种各样的局限和不可能，学会接受拒绝，可以帮助他们培养适应社会的能力。

当我们拒绝孩子的请求时，我们可以用这个机会教会他们几个重要的生活课题：

●价值观的建立。通过解释为什么某些愿望不能被满足，我们可以帮助孩子理解家庭的价值观和优先级。

●情感调节。拒绝可以成为孩子学习如何处理失望和挫折的机会，这对他们的情感发展至关重要。

●自我控制。当孩子明白不是所有的愿望都会立即得到回应时，他们要学会耐心等待和自我控制。

在实践中，拒绝孩子的愿望需要父母的智慧和坚定。我们需要确保我们的拒绝是出于正确的理由，并且以一种温和的方式传达。这样，孩子不仅能够接受拒绝，还能从中学习和成长。

孩子自尊心很强，
莫要当着外人批评

当孩子犯错的时候，有些父母总是不顾时间、地点就对孩子大声斥责，更有甚者还动手打孩子。殊不知，这样的教育并没有什么效果，反而会引起孩子的逆反心理，激起孩子的对立情绪，即使孩子认识到了自己的错误，他也会宁折不弯，甚至强词夺理。

是人就会有自尊心，孩子也不例外，父母们千万不要忽略这一点。尤其在有外人时，孩子的自尊心会更加强烈。父母如果总是对别人讲自己孩子的缺点或是在别人面前呵斥孩子，孩子的自尊心会大大受到伤害。孩子的自尊心比成年人要强得多，他们会因为自尊心的受伤遭遇更多的打击。

周末，王阿姨来阳阳家做客，送给阳阳一个包装精美的儿童大礼包。阳阳妈妈悄声交代阳阳，等王阿姨走了才能打开礼包。但一转眼，阳阳已经把礼包打开了，他抓起一个果冻就吃了起来。

阳阳妈妈有些生气，当着王阿姨的面大声说："你这孩子怎么这么嘴馋，真没礼貌！好像八辈子没吃过东西一样……"听到这里，阳阳嘟着嘴不高兴了，他生气地把礼包投掷到了妈妈身上。

为了解围，王阿姨急忙说："没事没事，小孩子嘛。"接着，又微笑着对阳阳说："阳阳，你今年上小学一年级了，你告诉阿姨你都会干些什么呀？"

阳阳挺了挺胸膛，自信地说："我是一个男子汉，会干许多事情呢！我会洗自己的衣服，会帮妈妈洗碗，替爸爸浇花……"

谁知，阳阳妈打断了阳阳的话："你还好意思说呢，你洗衣服时把衣服戳了一个洞，洗碗时摔碎了一只碗，浇花时差一点就把花从花盆里浇走了。"阳阳的小脸涨得通红，他双手攥拳，气鼓鼓地跑回了自己的房间。

后来，阳阳待在自己的小房间里半天不出来，任凭妈妈怎么敲门他都不理不睬。妈妈心里很郁闷："我不就是说了几句嘛，阳阳为何这样气急败坏、耿耿于怀？"

俗话说："人要脸，树要皮。"孩子同样也是一个要面子的个体，经常在别人面前批评孩子，会严重挫伤孩子的自尊心。在没人的时候悄悄批评孩子，孩子才不会感到反感，并且还会因为家长的"给面子"而倍感愧疚，这样做更有利于纠正孩子的错误。父母要让孩子认识到，犯错的是孩子自己，改错的也是孩子自己。因此，父母只针对孩子的错误批评他，且不能在有他人在场的情况下批评。因为，改正错误就是好孩子，父母不该让更多人关注到他之前的错误。

在批评孩子时，一定要注意，不要忽略孩子的自尊心。即使发现了孩子有不良行为，也不要用恶劣的态度批评孩子，可用皱一下眉、不说话等温和的方法来表达父母的不高兴。也可以在安静的场合和孩子谈谈，引导孩子鼓起勇气正视自己的错误和不足，这样才能帮助孩子形成正确的是非观，还能保护孩子的自尊心。

什么事都干涉，
对孩子无疑是一种摧残

距离产生美。对孩子的爱，也应该保持恰当的距离。如果父母企图将孩子圈定在自己的视线之中，将孩子固定在自己能够干涉的范围之内，对孩子来说，无疑是一种心灵上的摧残和成长中的痛苦。

与孩子保持距离，可以让孩子伴随着成长逐步减少对父母的依赖感，产生独立的生活意识。孩子会在尝试一些事情之后得到收获，动手能力得到提高。让孩子大胆地去玩耍，去嬉戏，去尝试，去体验，才能让孩子健康快乐地成长。

我们经常可以看到，在高中生新生入住时，大多数家庭几乎是全家出动，帮孩子大包小包地搬到宿舍，父母开始忙碌起来，爸爸搬东西，妈妈搞卫生，帮孩子铺床整理。

但高一新生周鸣的父母不一样。把周鸣送到学校宿舍后，爸爸妈妈只告诉他怎样摆放东西，然后简短交代了几句，叮嘱他要"好好学习，注意健康"后就走了。

事实上，周鸣家离学校不远，但是父母为了锻炼周鸣，特意鼓励他住校。周鸣的妈妈说："孩子在家的时候，煮饭、倒垃圾、洗碗这些事情他都要做，从初二开始，他就动手洗自己的小件衣服。"爸爸说："让孩子住校，可以锻炼他与人交往的能力，可以提高孩子的独立能力。"

每当新学期开始的时候，总有一些学生会住校。或许是因为离家较远不得不住校，或许是因为父母为了锻炼孩子的独立生活能力，而鼓励孩子住校。总之，住校可以锻炼孩子的生活自理能力和交际能力，对孩子是一种考验，对父母的心理也是一种考验。

其实，让孩子住校，就是与孩子保持一段适当的距离。父母爱孩子，不一定非得整天将孩子困在自己身边，每天搂在怀里。因为孩子每天都在成长，总有长大的一天，只有与孩子保持恰当的距离，才是最符合生命成长规律的，才是最有益于孩子健康的。

齐齐已经上小学了，上楼下楼的时候，不是爷爷就是奶奶，不是爸爸就是妈妈，都习惯于抱着齐齐。齐齐长得高高的，虽不是很胖，但是总让父母抱着上楼下楼，让人感觉很累。

一天，一位邻居阿姨看见爷爷抱着齐齐上楼，忍不住问道："你孙女的脚受伤了吗？"爷爷说："没有啊！""那你为什么抱着她上楼梯呢？"邻居诧异地问。"唉……抱惯了。"

没有与孩子保持适当的距离，整天把孩子抱在怀里，让孩子黏着父母，孩子就会失去锻炼的机会，孩子的独立性就得不到培养。而且没有距离的爱往往会变成溺爱，在溺爱中成长的孩子，是难以适应今后的学习和生活的。所以，爱是需要距离的，有距离的爱才不会成为溺爱，这样的爱才是对孩子最好的爱。

如果父母与孩子没有保持适当的距离，父母的行为还可能会让孩子窒息，让孩子找不到透气的窗口。俗话说得好"距离产生美"，所以，有时候还是要适当和孩子保持距离，这是尊重和信任孩子的表现。

第八章

自我边界感：
坚持自己的底线

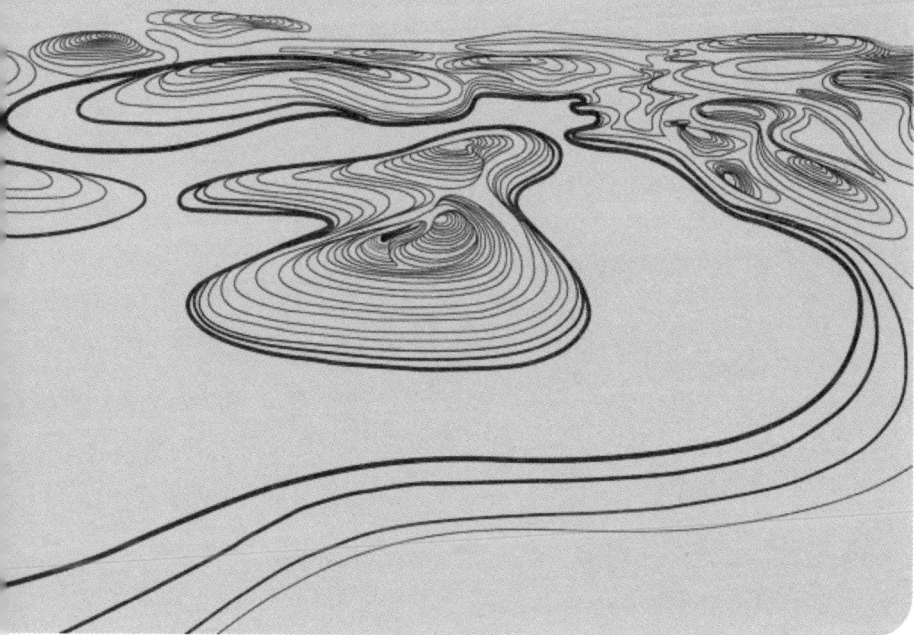

在宽容和纵容之间画一条线

在人际交往中，宽容和纵容是两个经常被提及的概念。宽容是一种美德，它意味着对他人的错误或缺点持有一种包容的态度，给予理解和原谅。而纵容则是对某个人或某种不良行为放任不管或默许，这往往会导致问题的恶化。因此，在宽容和纵容之间画一条线是非常重要的。

宽容体现了一个人的大度和成熟，它能够促进人际关系的和谐，帮助人们克服小的分歧，共同面对生活的挑战。宽容不是无原则的忍让，而是在理解和尊重他人的基础上，对他人的过失给予宽恕。宽容是一种积极的力量，它能够引导人们向上，促进个人和社会的进步。

相反，纵容则是一种消极的态度，它可能源于对冲突的恐惧或对权威的不自信。纵容会使人们认为不良行为是可以接受的，从而削弱社会规范和个人责任感。长期的纵容会导致个人和团体的道德沦丧，影响社会的稳定和发展。

因此，如何在宽容和纵容之间画一条线，既不失为一个善良和理解他人的人，又能维护正义和原则，是每个人都需要考虑的问题。在实际生活中，我们应该明确区分这两个概念，并在适当的情况下采取不同的行动。例如，在家庭教育中，父母应该宽容孩子的小错误，鼓励他们勇敢尝试和自我改正。但同时，也不能纵容孩子的不良行为，如撒谎、欺骗或欺负他人。在职场中，领导应该宽容下属的错误，给予他们改进的机会。但如果下属的错误是出于故意或重复发生，领导则不能纵容，而应该采取必要的管理措施。

在中国古代的历史长河中，有许多动人的故事传颂至今，其中廉颇与蔺相如的故事便是一段关于宽容与纵容的佳话。这个故事不仅展示了两位将领的个人品质，也反映了他们对国家利益的深刻理解和无私奉献。

廉颇，赵国的名将，因其勇猛果敢而闻名于诸侯各国。蔺相如，赵国的上卿，以智谋和外交手腕保卫国家尊严而著称。两人在赵国的政治舞台上都有着举足轻重的地位，但他们之间的关系并不和睦。

蔺相如因成功执行"完璧归赵"的任务而声名鹊起，被提升为上卿，位列廉颇之上。廉颇对此感到不满，心怀嫉妒，甚至公开表示要羞辱蔺相如。然而，蔺相如并没有与廉颇正面冲突，而是选择了回避，他的宽容体现在对廉颇的忍让和对国家利益的考虑上。

蔺相如的宽容并非无原则的纵容，而是出于对国家安全的深思熟虑。他认为，如果他与廉颇发生冲突，将会给外敌制造可乘之机，从而危及国家安全。这种宽容背后是对国家利益的深切关怀和对个人恩怨的超脱。

廉颇最终被蔺相如的宽容所感动，意识到自己的小心眼和国家利益相比显得多么渺小。他背着荆条来到蔺相如的家门前，公开向蔺相如请罪，展现了他的悔改和对蔺相如的尊重。这一举动不仅化解了两人之间的矛盾，也成了后世颂扬的美谈。

廉颇与蔺相如的故事告诉我们，宽容不是无原则的纵容，而是基于对更大利益的考虑和对全局的考量。宽容是一种力量，它能化解矛盾，促进和谐，更能在关键时刻保护国家的利益。这个故事至今仍然具有深

174

远的意义，提醒我们在处理人际关系和冲突时，应当如何在宽容和纵容之间找到平衡点。

总之，宽容和纵容的区别在于，宽容是出于爱和理解，而纵容则是出于放任和忽视。宽容可以帮助我们建立更加和谐的人际关系和社会环境，而纵容则可能导致问题的累积和爆发。我们应该学会在宽容和纵容之间找到平衡，既不失去对他人的同情和支持，又不放弃对事实和道德的追求。这是一种智慧，也是一种责任。

可以随和，但并非没有底线

在人际交往中，保持随和的态度是一种美德，它能够帮助我们建立和谐的社会关系，减少不必要的冲突。随和的人通常被认为是友好、容易相处的，他们愿意倾听他人的意见，适应不同的环境和情况。然而，这并不意味着随和的人没有自己的原则和底线。事实上，设置底线是每个人维护自尊和个人权益的重要方式。

底线是我们对自己和他人行为的一种界限，它反映了我们的价值观和信念。当这些界限被突破时，我们可能会感到不舒服、受到伤害或者失去尊严。因此，即使是最随和的人，也需要设定和坚持自己的底线，以保护自己不受侵犯。

在职场中，底线可以帮助我们避免被过度利用或者忽视。在家庭中，底线可以帮助我们维护个人空间和私人时间。在社交中，底线可以帮助我们避免陷入不健康的关系。在任何情况下，底线都是我们自我保护的工具。

如何设定和维护底线呢？首先，我们需要清楚地了解自己的需要和期望。其次，我们需要勇敢地表达自己的底线，并在必要时为之辩护。最后，我们需要尊重他人的底线，就像我们希望他人尊重我们的一样。

杜青峰是一位国际贸易公司的业务经理，以其随和的性格和出色的沟通技巧而闻名，能够与不同文化背景的客户建立良好的关系。然而，杜青峰也非常清楚自己的底线，即不会为了达成交易而违背自己的价值观和公司的规定。

有一次，杜青峰负责一个重要的项目，需要与一家知名的国际客户进行谈判。这个客户提出了一些非常有利可图的条件，但其中某些条件要求杜青峰的公司做出一些妥协，这些妥协可能会损害公司的长期利益和声誉。

杜青峰面临着一个艰难的选择：是坚持原则，冒着失去这个大客户的风险，还是灵活应变，接受客户的条件以获得即时的利益。经过深思熟虑，杜青峰决定与客户进行坦诚的对话，解释为什么无法接受某些条件，并提出了一些替代方案。

这次谈判最终取得了成功。客户对杜青峰的诚实和专业印象深刻，同意了杜青峰的替代方案。

这个故事告诉我们，随和并不意味着没有底线。相反，它意味着在尊重自己的底线的同时，寻找创造性的解决方案，以满足各方的需求。杜青峰的例子证明了即使在商业环境中，诚信和原则也是不可或缺的。

随和是一种重要的社交技能，它能够帮助我们更好地融入社会，享受生活。但同时，我们也需要明确自己的底线，保护自己的权益。这样，我们既能够保持个人的完整性，又能够维护人际关系的平衡。这是一种成熟和智慧的表现，也是我们在复杂社会中生存和发展的基础。

只会讨好，没人在意你的感受

　　生活中，可能会有这样的人——他绝对是众人眼中的老好人，每个人说起他来都是点头称赞，对待家人从来都是任劳任怨、无微不至，对待自己的朋友也是真诚坦荡，哪怕是路上遇到的一个陌生人，他也会尽自己最大的努力去帮助。他从不会因为自己所受的辛苦和委屈而有任何的抱怨。

　　这种人似乎很完美，因为他有一颗善良无私的心。但是心理学家认为，这种对他人过分友善的行为可能是一种病态。工作中，我们肯定有去讨好某个人的时候，特别是在领导面前，行为举止也大多会在意领导的眼光，办公室里常常会上演在老板面前点头哈腰的一幕。

　　但是那种一味地想着去取悦他人的人，也要为此付出昂贵的代价。这种人似乎总是处于一种不安全的状态，不相信自己，不能承受生活带给自己的压力和失败，而且讨好他人的时间一长，就会愈发地感到自己被孤立。就像巴巴内尔在他的《揭开友善的面具》一书中写的："极端无私是一种用来掩盖一系列心理和情感问题的性格特征。"

　　工作中讨好他人的手段肯定是需要的，因为一个人能力超群并不代表这个人就一定能得到老板的青睐，你的能力比他人强只能说明你是一个好员工、一个优秀的工作人员。老板会赏识你的工作能力，但是会不

178

会器重你，还要综合其他因素，比如你的人格魅力。

　　小王家里很有钱，大学毕业后，她进了一家贸易公司工作。她自身条件其实很优越，但是因为从小就对出口贸易感兴趣，所以她寻觅了很久，才找到了这家公司。

　　刚进公司时，小王表现得异常热情，对每个同事非常有礼貌。出于对他们的尊重，小王每次有什么问题要请教的时候，总会恭敬地称对方为"老师"，因为她觉得这是对他人最大的尊重。但是同事们对这个称呼都觉得非常别扭。

　　有一天，小王为了答谢多日来同事们对她工作上的帮助，决定请他们吃饭。同事们都以为就是普通的饭馆之类，没想到居然是一家五星级的大饭店，这让同事们都面面相觑。结账的时候，服务员给了小王一张接近3000元的账单，小王二话不说直接付钱，在座的同事觉得这顿饭太贵，都不好意思了。

　　出了饭店时间还早，小王又说请大家去KTV唱歌，但是同事们听了都连连摆手，以各种借口推辞离开了。

　　在以后的日子里，小王每天都会给他们带来各种各样的小礼物，每次送的东西都不便宜。同事们自然也不好意思一直收她的礼物，又不好拒绝，于是只能买了东西还礼。渐渐地，小王的这个举动让周围的人越来越反感，后来到了只要小王说要买什么东西，大家都直接拒绝她，而且还和她保持一定的距离。

　　遭到周围人冷落的小王心里十分纳闷，她对每个人都这么好，为什么大家会对她这种态度呢？

　　其实，小王不知道，工作中重要的不是如何去讨好他人，而是怎样去提高自己。如果你只知道盲目地去讨好周围的人，你反而会失去周围人对你的尊重。

如果你想得到周围每个人的认可，让每个人都对自己满意，费尽心思博得他人喜爱，甚至不惜牺牲自己的健康与快乐来取悦别人，这种努力是徒劳的。成为老好人的你，他人并不会惦记你的好。这种友善无私的好，实际上是对人际关系缺乏安全感的表现，是对拒绝、敌意等消极情绪的畏惧，侧面折射出了你的自卑与自责。不做老好人，你才能活得自我。

你去讨好这个人的时候，也就证明了你不如这个人。与其这样不情愿地讨好别人，不如将更多的时间花在强大自身上。

讨好他人也需要灵活使用，不是对谁都一味地奉承，你将自己的尊严都丢弃了，还指望谁会来尊重你呢？这些人只会觉得你就是一个没有能力的人，一个只会卑躬屈膝、没有自我的人。所以，讨好他人一定要慎重。

找到自己，才能活得更自在

在现代社会的快节奏中，人们常常感到迷茫，不知道自己真正想要什么，不清楚自己的方向在哪里。这种状态下，"找到自己"成了一个普遍的追求。但是，找到自己并不意味着要遵循一套固定的方法或步骤，而是一个深刻的内在探索过程。

找到自己，是一种对生活的深入理解，是对自我价值和目标的清晰认识。它涉及对个人兴趣、激情、能力和限制的深刻洞察。这是一个不断发展和变化的过程，随着时间的推移，随着经验的积累，个人的理解和需求也会发生变化。

在这个过程中，重要的是要保持开放和诚实的态度，愿意接受自己的不完美，并且勇于面对和解决问题。这也意味着要有勇气去尝试新事物，即使它们可能带来失败的风险。通过这些经历，个人可以更好地了解自己，从而活得更自在。

美孚石油公司的董事长贝里奇在开普敦巡视工作时，看到一个黑人小伙子跪在地上擦地板，他每擦一下都会在地上虔诚地叩一下头。贝里奇十分奇怪地问他："小伙子，你为什么要这样做？"

小伙子回答道："我在感谢一位帮我找到这份工作、让我有饭吃的圣人。"

贝里奇听后笑着说："我也遇到过一位圣人，他让我成为美孚公司的董事长。你想见他一下吗？"

小伙子马上说："我是锡克教会养大的孤儿，我很想报答养育过我的人，如果这位圣人在让我吃饭后还有余钱做这些事，我很愿意去拜访他。"

于是贝里奇说："南非的大温特胡克山上住着一位圣人，所有遇见他并经过他指点迷津的人，都会前程似锦。20年前我就正巧遇上他，得到他的指点。如果你想去的话，我可以向经理说情，准你的假。"

非常相信神的帮助的小伙子谢过贝里奇后，真的上路了。他一路风餐露宿，终于花了一个月的时间登上了白雪覆盖的大温特胡克山。但让他失望的是，在大山顶上他除了看到自己外，什么人都没看到。

于是小伙子很失望地回到开普敦，见到贝里奇后说："董事长先生，我一路留意，直到山顶都没有圣人，只有我自己。"

贝里奇听后意味深长地说："你说对了，除了你之外，根本没有什么圣人，因为你就是你的圣人。"

那个黑人小伙子叫贾姆讷，20年后已经是美孚公司开普敦分公司总经理的他，在一次世界经济论坛峰会上说："人生成功的开始就是发现自己的那天，因为能创造奇迹的人只有自己。"

统一中国、不可一世的秦始皇，到最后也因筑不了生命的长城抱憾而终；一代霸主曹操对生命也只有悲唱："对酒当歌，人生几何？"有些人认为，人活着就已经很不容易了，想要活好就更难了。庄子在《齐物论》中说："一受其成形，不亡已待尽。与物相刃相靡，其行尽如驰而莫之能止，不亦悲乎？"人生最大的悲哀不是短命、无为，而是你找不到自己，控制不了自己的生命。

每个人从一出生就踏上了一列不归的特快列车，中间没有休息站，甚至连刹车都没有，只要一发动就必须一直到底。很多时候，名利的诱惑就像毒蛇一样绞绕着我们的内心世界，而你所做的一切都像一场大梦，醒来之后依然一无所有。

人生就像一场大梦，你我同样身在梦中。虽然我们使用得最多的词是"我"，但我们最视而不见的也是"我"。所以我们总是在不知道自己做什么，也不知道自己能做什么的情况下，让自己消失在茫茫人世间。

最光明的未来建立在淡忘之上，我们只有摆脱过去的种种失败、痛楚以及世间的种种是非，找到自我才能继续走得更好。

生命的意义在于个体，生活也是如此，在我们无法自主的短暂生命中，我们只有把自己找到，化解心中一切杂念，才能活得更自在。我们的生命是真实的，所以要珍惜它，我们的生活是自己的，所以要"无求品自高"。只有当你的心灵如大鹏一样一飞冲天之后，才可以把人生看得更明白，活得更洒脱。

没有底线，优点全都会成为缺点

在人性的复杂画卷中，优点与缺点往往会相互转换，难以分明。这篇文章将探讨这一现象，即在没有底线的情况下，优点如何逐渐演变为缺点。

首先，我们必须认识到，优点本身是积极的品质，如诚实、勤奋、同情心等。这些品质在大多数情况下都是值得赞扬的。然而，当这些品质被过度强调或在不适当的情境中展现时，它们可能会带来意想不到的负面影响。

例如，诚实是一个普遍认为的优点。但是，如果一个人在任何情况下都过分坦白，不加选择地表达真实想法，可能会伤害他人，损害人际关系。在这种情况下，诚实可能变成了缺乏策略和同情心的表现。

同样，勤奋也是一种被广泛推崇的品质。然而，如果一个人过于投入工作，忽视了生活的其他方面，如家庭、健康和个人兴趣，那么勤奋就可能转变为工作狂，导致生活失衡和个人福祉的下降。

这种转变的根本原因在于缺乏底线——即个人的价值观和道德界限。底线是个人行为的指导原则，帮助我们在保持优点的同时，避免它们变成缺点。没有了底线，优点就可能失去其应有的正面效果，反而带来负面后果。

在一个快节奏、高压力的商业环境中，李明是一位以出色的工作效率和决策能力而闻名的项目经理。他的优点是能够快速处理信息并做出决策，这使得他在行业中脱颖而出。然而，随着时间的推移，这些优点逐渐变成了缺点。

李明的团队开始注意到，他的快速决策往往忽略了团队成员的意见和反馈。他的效率变成了急躁，导致团队士气低落，创新精神受挫。他的决策能力，一度被视为公司的资产，现在却因为缺乏深思熟虑而变成了负担。

在一个关键项目的决策过程中，李明忽视了市场研究团队的警告，坚持推进一个高成本的营销策略。结果，项目失败了，给公司带来了巨大的财务损失。

李明的故事给我们以深刻的教训：没有底线的优点最终会变成缺点，特别是当它们阻碍团队合作和深入思考时。

这个故事还提醒我们，即使是最有才华的个人也需要不断自我反思和适应。在不断变化的商业世界中，平衡速度和质量，以及个人与团队之间的关系，是成功的关键。李明的故事告诉我们，优点在没有制约的情况下，可能会导致不利的结果。因此，我们必须学会控制和调整我们的优势，以确保它们不会变成我们的弱点。

因此，我们每个人都需要建立和维护自己的底线，这不仅涉及认识到优点的潜在风险，还包括在日常生活中实践平衡和自我反思。通过这样做，我们可以确保我们的优点为我们和周围的人带来最大的益处，而不是无意中成为我们的负担。

总的来说，优点在没有底线的情况下确实可能成为缺点。这是一个需要我们深思和警惕的话题，因为它关系到我们如何有效地运用我们的优点，以及如何在复杂多变的社会环境中保持道德和价值观的清晰。通过不断地自我提升和自我约束，我们可以更好地掌握这一平衡，使我们的优点发挥出最佳效果。

安全感不是别人给予的，
而是自己打造的

在这个快节奏、充满不确定性的世界中，安全感成了一种珍贵的财富。人们常常寻求外部的保障和认可，希望从他人那里获得安全感。然而，真正的安全感并不是别人给予的，而是源自内心的一种深刻认知和建设。

我们每个人来到这个世界上，为了摆脱孤独感，都在积极地寻求安全感，不过大多数时候我们走错了方向。有的女孩都觉得只要找一个很爱很爱她的人，就可以获得安全感了。但很快就发现，自己的情绪完全被对方控制。如果哪天他体贴她，照顾她，送她礼物，她就会很开心、很幸福，若是哪天照顾不周，她就一个人生闷气，对自己的处境焦虑不安，毫无安全感可言。

这都是错把目光放在了"外部"而不是"内部"所导致的结果。

张蕾是一位年轻漂亮又事业有成的女性，她在一家外资企业工作，上班期间忙自不必说，下班后还有各种应酬。她的忙碌让她少有时间陪伴老公。

朋友替她担心："你这样成天忙自己的事情，不陪你老公，你不怕他被人拐跑吗？"而张蕾始终认为，自己无论如何都不会为了陪伴老公而放弃自己的工作。她说："安全感不是男人给的，是自己把握的，爱情不是从属关系，恋爱中的女人也要有自己独立的生活。决不能为爱他而不惜践踏自己的尊严、不惜牺牲自己的生活乐趣。无论多久没有与爱人见面，我也不会牺牲自己去取悦他。"

即便是在和老公的热恋时期，她也依旧和闺密们打得火热，完全没有重色轻友。同时她还维持着自己的爱好，给自己充分的自由独立的空间和时间。比如，她常常在咖啡馆里待半个小时，点一杯咖啡，再或者约几位知心好友聊聊闺房私密话。

她说过的一段话让人很感动："生活里除了工作、爱情还有很多，我必须给自己一点时间让我自己回到真实的生活里。在除了男人之外的生活里，我似乎比和老公在一起更觉得有安全感。毕竟男人可能会背信弃义，可是我的爱好、我的事业永远不会背叛我。"

很多人尤其是女性，都希望在爱情、婚姻里寻觅一个拥有坚实的臂膀，能够给自己安全感的人。实际上，另一半是不能真正带给你安全感的。谁也说不定哪一天山盟海誓成空，天长地久的诺言只是一片虚无。能给你安全感的不是男人，而是你自己。

台湾情感作家张小娴对心理学很有研究，她说："无论女人看起来想要什么，归根究底她要的是很多很多的爱跟很多很多的安全感。关键在于'爱与安全感'到底从哪里来？有些人觉得来自男人、婚姻，但我始终认为希求他人，你注定会失望。有时候爱与安全感可以通过女人自己的努力来创造和收获。"

对于当代女性来说，无论你是拼杀职场还是回归家庭，想要拥有安全感，都必须依靠自己的努力奋斗。你的内心足够强大之时，无论处于什么样的困境，遭遇什么样的变故，你都不会焦虑，而是能轻松应对。

爱情中的安全感要靠自己给，工作、生活、学习中的安全感也是如此。把希望寄托在别人身上，总有一天会失望，最可靠、持久的安全感是自己给的。

约束自己，但不必苛责自己

在人生的旅途中，我们经常面临着各种选择和决定。这些选择和决定不仅影响我们自己，还可能影响我们周围的人。因此，学会如何为自己设定合理的边界是非常重要的。边界可以帮助我们保护自己的情感健康，提高工作效率，以及维持人际关系的和谐。但是，设定边界的过程中，我们也需要避免对自己过于苛责。

边界感是一种自我认知的能力，它让我们能够识别自己的需求、愿望和价值观，并能够在尊重他人的同时，坚持自己的原则和标准。一个人的边界感强，通常意味着他们能够更好地管理自己的时间和资源，避免过度牺牲自己来取悦他人。边界感也是自我保护的一种方式，它可以帮助我们避免被他人的需求和期望所淹没。

然而，边界感并不意味着我们需要与世隔绝或者对他人冷漠无情。相反，它是一种平衡的艺术，需要我们在关心他人和照顾自己之间找到一个合适的点。这就要求我们既要有自知之明，也要有同理心。我们需要认识到，每个人都有自己的局限性和不完美，包括我们自己。因此，当我们无法满足所有人的期望时，我们不应该自责，而应该接受自己的局限。

林月如是一名勤奋的高三学生，总是对自己有着严格的要求。她设定了每天学习 10 个小时的目标，以确保在高考中能取得优异的成绩。

随着考试日的临近，林月如感到压力越来越大。尽管她已经非常努力，但总觉得自己做得不够好。每当她在模拟考试中得分不如预期，就会深深自责，甚至质疑自己的能力。

一天，林月如的好友小慧来访。看到林月如疲惫的样子，小慧感到非常担忧。她对林月如说："你的努力我看在眼里，你对自己的要求太高了。约束自己是好事，但也要学会对自己宽容一些。不是每次都能达到完美，重要的是你已经尽力了。"

小慧的话像一股清泉般涌入林月如的心田。林月如意识到，她的自我苛责并没有帮助她变得更好，反而让她陷入了焦虑和沮丧。从那天起，林月如开始调整自己的学习计划，给自己更多的休息时间，并且在遇到困难时，她学会了从中寻找成长的机会，而不是无休止地自责。

林月如以平和的心态走进了考场。结果，她获得了比自己预期更好的成绩。林月如明白了，约束自己是为了进步，但同时也要学会爱护自己，这样才能真正地成长和成功。

这个故事告诉我们，自我约束是必要的，但过度苛责自己只会带来负面影响。找到二者之间的平衡，才能在追求目标的同时保持健康和幸福。

生活中的平衡是一门艺术。在追求卓越的同时，我们也需要给自己留下呼吸的空间。这意味着在工作和个人生活之间找到平衡，也意味着在自我驱动和自我关怀之间找到平衡。通过这种方式，我们可以在不牺牲个人福祉的前提下，实现我们的梦想和目标。

总的来说，边界感是关于认识和尊重自己的需求和限制的。它是一种自我保护的策略，可以帮助我们在复杂的世界中保持个人的完整性和自尊。同时，我们也需要学会对自己的期望保持现实，对自己的不足保持宽容。通过这种方式，我们可以在进行自我约束的同时，避免对自己过于苛责，从而在生活中找到真正的平衡与和谐。这是一种内在的智慧，让我们在面对生活的挑战时，能够保持坚韧和灵活。

远离保护圈，
没有依赖才有底气拒绝

在不善拒绝的群体之中，"80后""90"后占据了很大一部分。"80后""90后"作为新时代的代表，他们年轻、充满朝气、时尚、热衷颠覆，但是为什么这样的一代人中，却有很多人都不善于说"不"？或者说，总是不能准确地表达出自己的观点，一开口拒绝，就很容易导致气氛转变，惹得很多人都不高兴？

这是因为，很多"80后""90"后从小生活在一个物质发达的时代，正因为不用再经历艰苦的生活，所有事情都会由父母提前帮忙做好，所以，渐渐地，有一批人的自主能力就越来越差，什么事情都要依赖父母；与此同时，一些父母为了不让孩子再吃苦，也是百般宠爱，生怕孩子受一点挫折，所以，孩子遇到什么问题父母都会挺身而出，更加导致了他们自主能力的丧失。

试想，我们家中的宠物狗，会对我们发出拒绝的哀号吗？尽管这个比喻有些不恰当，但事实就是如此。有一些"80后""90"后正是因为太过依赖父母，完全没有自己的人生决断能力，因此，也越来越不会拒绝。

高虎是 1989 年出生的男孩，现在也已进入而立之年。按理说，已经 30 多岁的男人，本应怀有担当和自信，可是高虎却恰恰相反。他的第一份工作是在保险公司上班，但没上满半年就被开除了。原来，他刚入职时，在简历中吹嘘自己有一定的工作经验，于是上司就给他委派了不少任务。但真的做起来后，高虎却发现原来根本不简单，即便每天没完没了地加班，却依然做不好、做不完。

当上司抽查工作，看到高虎完成得一塌糊涂时，不由得勃然大怒，说："既然你没法很快完成，为什么在布置工作的时候，你不跟我说，哪怕是拒绝这么多的工作量？"

高虎怯懦地说："我当时也想和您说，我做不了这么多……但是……后来回家我咨询了一下父母，他们说，让我坚持，所以我只好……"

上司听完，更加生气了，说："你这么大的人了，怎么还要回家问父母？我看，你还是回去做你的乖乖仔吧！"

就这样，高虎被公司无情地辞退了。接下来的几份工作，他都是这样，甚至有一份油漆厂的工作，他连公司"每天必须加班，并且不享受任何加班费"的要求都不敢拒绝。最后，还是父母要求他辞职，他才离开了那个地方。

一天，失业后的高虎和几个高中同学聚会，一问才知，有好几个都在家待业，情况和高虎不相上下。他们一致感慨道："唉，长大真没意思，还不如童年呢！"

再来看一个"90后"的案例：

高虎的表妹王友珠，是1999年出生的女孩，从小也是被家人宠着，捧在手心怕摔了，含在嘴里怕化了。与高虎不同的是，这个"90后"少女十分自信，和任何人都能打成一片，但是她有一个小缺点，就是有时候说话太不讲究。

王友珠在一家广告公司上班，因为年龄较小加上又是女孩，所以大家都比较照顾她。一开始，同事们都觉得王友珠还不错，嘴甜、脑子转得快，可是因为一件事，让大家都对她避而远之了。

这天，因为公司接了一个大项目，所以，领导希望大家可以加班。原本，领导是用商量的口吻说的："如果大家晚上不忙，希望能够加班，咱们尽量提早将这个任务结束！当然，加班费公司会按照规定，下个月准时打在咱们工资卡里！"

　　领导刚说完，王友珠发话了："我才不加班呢！我晚上约了闺密去看电影！再说了，加班费有多少，还不如我爸给我的零花钱多，难道还有人差这点钱……"

　　一句话说完，所有人的表情都变了。尽管领导没有说什么，但是大家都看到，他是板着脸离开的。

　　从这以后，同事们都开始疏远王友珠，毕竟没人愿意和这样一个"没心没肺"的姑娘多来往。看着对自己越来越冷淡的同事们，王友珠只能在心里难受。

　　高虎与王友珠，正是这类"80后""90后"的代表，并且，他们大多是独生子女。由于父母的溺爱，导致有些"80后""90后"或是太过懦弱，又或是太过任性。但无论哪种性格，都有个共同的特点，那就是依赖父母。正如高虎遇到问题总是求助父母，王友珠一开口就是父母给零花钱，全然忘记了自己已经是个成年人，很多问题都应该自己去应对、去解决。

　　一个总是依赖父母的人，怎么可能敢于拒绝别人？怎么可能会用恰当的语言拒绝别人？潜意识里，他们依旧是父母的小王子、小公主，认定遇到事情时，父母必然会站在自己的身前，帮助自己解决难题。

　　事实上，"80后""90后"早已步入成年，如果还学不会给自己定位，还学不会独立自主，那么，吃亏的终究是自己。正如高虎与王友珠，他们不可能依赖父母一辈子，毕竟父母终将老去。如果我们不想永远碌碌无为，不想连一个简单的拒绝都需要靠父母，或是不想一张嘴就惹得所有人都心生愤怒，那么，就努力走出父母的保护圈，开始慢慢学会自己飞向天空吧！

边界让你不必"委曲"，
也不用"求全"

在现代社会中，个人边界的概念越来越受到重视。边界，可以理解为个人与他人之间的一种心理和情感上的界限，它帮助人们保护自己的自尊、隐私和独立性。一个健康的个人边界能够使人在与他人的互动中既不过度牺牲自己，也不无理要求他人。

有时候，人们为了避免冲突或是希望得到他人的认可，可能会不断地退让，这种"委曲"自己来"求全"的态度往往会导致自我价值的丧失和关系的不平等。长期下来，不仅会损害个人的心理健康，还可能导致他人对个人边界的不尊重。

反之，明确和维护个人边界，不仅能够帮助个人更好地尊重自己，也能促进他人对个人的尊重。这并不意味着要与他人隔绝，而是在相互尊重的基础上建立健康的人际关系。例如，在工作中，明确拒绝超出自己职责范围的要求，可以帮助个人保持职业效率和个人生活的平衡；在个人生活中，拒绝那些侵犯个人隐私和自尊的行为，可以维护个人的心理健康和幸福感。

在一个宁静的小镇上，有一个聪明而敏感的小女孩名叫梅。
她总是乐于助人，但经常发现自己因为别人的要求而感到疲惫和不快乐。一天，她的老师注意到了这一点，并决定教梅关于边界的重要课程。

老师给梅讲了一个故事：

很久以前，在一个遥远的国度里，有一座美丽的花园，里面有着各种各样的花朵。这些花朵中，有一棵特别的向日葵，它总是向着太阳。但是，这棵向日葵有一个问题，它总是过分关心周围的花朵是否也能得到足够的阳光和水分。它会弯曲自己的茎，遮挡自己享受阳光的机会，只为了让其他的花朵也能感受到温暖。

随着时间的推移，这棵向日葵变得越来越憔悴，因为它没有为自己获得足够的阳光和空间。直到有一天，一只智慧的蜜蜂飞过来，对向日葵说："你是如此美丽和慷慨，但你也需要阳光和空间来成长。设立边界并不是自私的，它让你不必委曲，也不用求全。你有权利照顾好自己，这样你才能更好地照顾别人。"向日葵听了蜜蜂的话，开始学习如何为自己设立边界。它开始直立起来，享受阳光，同时也在自己的能力范围内确保其他的花朵有它们自己的空间和资源。结果，整个花园变得更加繁荣与和谐。

梅从这个故事中学到了一个宝贵的教训。她开始实践设立自己的边界，学会了说"不"，并且不再感到内疚。她发现，当她照顾好自己时，她能够更快乐、更有效地帮助别人。

这个故事不仅仅是一个故事，它是一个关于自我关爱和平衡的教训。梅的生活因此而改变，她变得更加自信和快乐。而这个故事，也许会启发所有听到它的人，去思考如何在生活中设立健康的边界。

如何建立和维护个人边界呢？首先，个人需要认识到自己的价值和需要，然后通过沟通和行动，向他人明确自己的边界。这可能需要一些勇气和技巧，但随着时间的推移，个人会发现这样做能够带来更多的自尊和内心的平静。

　　总的来说，个人边界是自我保护和人际关系和谐的重要工具。它不是一种隔离或自私的行为，而是一种健康的自我关怀的表现。通过建立和维护个人边界，人们可以在尊重自己的同时，也尊重他人，从而创造一个更加和谐的社会环境。